Due pionieri trecenteschi del petrarchismo napoletano: Guglielmo Maramauro e Bartolomeo di Capua

STUDIEN ZU DEN ROMANISCHEN
LITERATUREN UND KULTUREN

STUDIES ON ROMANCE
LITERATURES AND CULTURES

Herausgegeben von / Edited by Olaf Müller, Christian von Tschilschke,
Ulrich Winter und / and Samia Kassab-Charfi

BAND 36
VOLUME 36

*Zu Qualitätssicherung und Peer Review
der vorliegenden Publikation*

*Notes on the quality assurance and
peer review of this publication*

Die Qualität der in dieser Reihe
erscheinenden Arbeiten wird vor der
Publikation durch Herausgeber der Reihe
oder andere unabhängige Fachgutachter
geprüft.

Prior to publication, the quality of
the work published in this series
is reviewed by editors of the series
or by other external referees.

Francisco José Rodríguez-Mesa

Due pionieri trecenteschi del petrarchismo napoletano: Guglielmo Maramauro e Bartolomeo di Capua

Edizione critica e commento dei sonetti

Información bibliográfica publicada por la Deutsche Nationalbibliothek
La Deutsche Nationalbibliothek recoge esta publicación en la Deutsche Nationalbibliografie; los datos bibliográficos detallados están disponibles en Internet en http://dnb.d-nb.de.

Catalogación en publicación de la Biblioteca del Congreso
Para este libro ha sido solicitado un registro en el catálogo
CIP de la Biblioteca del Congreso.

ISSN 2511-9753
ISBN 978-3-631-88898-8 (Print)
E-ISBN 978-3-631-89812-3 (E-PDF)
E-ISBN 978-3-631-89813-0 (EPUB)
DOI 10.3726/b20626

© Peter Lang GmbH
Internationaler Verlag der Wissenschaften
Berlin 2023
Todos los derechos reservados.

Peter Lang – Berlin · Bruxelles · Lausanne · New York · Oxford

Esta publicación ha sido revisada por pares.

Esta publicación no puede ser reproducida, ni en todo ni en parte, ni registrada en o transmitida por un sistema de recuperación de información, en ninguna forma ni por ningún medio, sea mecánico, fotoquímico, electrónico, magnético, electroóptico, por fotocopia, o cualquier otro, sin el permiso previo por escrito de la editorial.

www.peterlang.com

Indice

1. La cultura letteraria della Napoli angioina 9

2. Lingua e letteratura toscana nella prima generazione
   di lirici colti napoletani 17

3. Guglielmo Maramauro 23

4. Bartolomeo di Capua, conte di Altavilla 49

5. Importanza dei primi lirici di impronta toscana 95

Appendice I: Le *Senili* di Francesco Petrarca indirizzate a
Guglielmo Maramauro 97

Appendice II: Le canzoni di Guglielmo Maramauro 103

Bibliografia 111

La pubblicazione di questo libro è stata finanziata dal «Plan Propio de Investigación» dell'Universidad de Córdoba

1. La cultura letteraria della Napoli angioina

La battaglia di Benevento (1266) non solo segnò una svolta nella vita politica del Mezzogiorno italiano, ma ebbe anche importanti conseguenze culturali, che furono già osservate da Altamura quando affermò che «la caduta degli Hohenstaufen segnò non solo la fine della poesia siciliana, ma forse interruppe la possibilità di nascita di una poesia nazionale, ove quella avesse saputo liberarsi dall'imitazione provenzale e assumere un carattere suo proprio e schiettamente originale» (1949: 6).

In effetti, la possibilità che una lirica specificamente napoletana si sviluppasse sparì, lasciando spazio esclusivamente a quei filoni che coincidevano con il gusto letterario delle classi dirigenti. In altre parole, la fioritura di una lirica colta scritta in volgare italico nel sud della penisola avrebbe dovuto aspettare che una nuova corrente esogena, quella della poesia toscana, attecchisse nel Golfo di Napoli. Tuttavia, i primi – e ancora precari – segni di questa mutazione culturale erano ancora lontani quasi un secolo, periodo durante il quale il Regno divenne una sorta di succursale letteraria della Francia e i membri della sua corte – sia i nuovi arrivati che gli indigeni – voltarono le spalle alla tradizione italica per concentrarsi sulle opere, soprattutto narrative e storiche, che fiorivano al di là delle Alpi.

Naturalmente, questo rapido cambiamento nelle pratiche letterarie e culturali non è sorprendente, perché era – ed è ancora oggi – la logica conseguenza dell'instaurazione di un nuovo ordine. Tuttavia, non possiamo non citare i casi di quei nobili, di origine napoletana o siciliana, che si stabilirono alla corte degli Angiò o sotto la loro protezione e che, oltre a condividere le letture dei loro sovrani, commissionarono volgarizzamenti in francese «especialment pour sa delectation et pour la delectation de ses amis», come si legge in uno di questi testi (Sabatini 1965: 39). Queste commissioni erano probabilmente motivate dal fatto che questi amici figuravano tra la nobiltà di origine gallica, presso la quale la conoscenza e l'apprezzamento della lingua francese sembrava essere una garanzia di successo.

Così, durante i regni dei primi tre monarchi angioini[1], il modello culturale francese rimase egemone, al punto che la corte partenopea ospitò persino alcuni dei più illustri esponenti di questa tradizione, come Adam de la Halle, ospite di Carlo I. Questo modello non coesisteva con nessun'altra forma di cultura scritta al di là del latino dei giuristi e degli scienziati, principalmente quelli legati allo Studio creato da Federico II, che era, all'epoca, l'unica istituzione sveva rimasta dopo la sconfitta di Manfredi.

Dopo il terzo sovrano della nuova dinastia, un'altra colonia straniera cominciò a stabilirsi nella capitale del Regno: i toscani, soprattutto fiorentini, che fissarono la residenza a Napoli, attratti dalle opportunità commerciali e finanziarie offerte dalla città partenopea. Tuttavia, sebbene le caratteristiche economiche di questo gruppo ne facessero una sorta di *élite* borghese quasi del tutto assente in queste coordinate spazio-temporali[2], il potere finanziario non sempre andava di pari passo con il potere politico. Così, durante il regno di Roberto, anche se non era raro vedere membri della comunità toscana servire il monarca in missioni diplomatiche, le ricompense che ricevevano in cambio dei loro servizi erano limitate a posti onorifici che non avevano alcun peso reale nell'amministrazione o nella politica del Regno.

Questo isolamento sociale fu accompagnato o, forse, diede origine a una circolazione culturale, se non marginale, parallela a quella «ufficiale» del periodo angioino. Così, durante il regno di Roberto, solo la *Commedia* dantesca è degna di menzione tra le opere toscane conosciute e apprezzate dal pubblico meridionale: questa epopea è la prima produzione italica che, come vedremo, lascia il suo influsso sugli autori meridionali e viene addirittura commentata da alcuni di loro.

Il caso di Boccaccio, tuttavia, è il più sintomatico della realtà culturale del tempo. L'autore di Certaldo visse nella città partenopea per lunghissimi periodi (1327–1341; 1355; 1361–1362 e 1370–1371) e compose numerose opere in volgare che non sono prive da elementi culturali napoletani.

---

1 Vale a dire, Carlo I (1266–1285), Carlo II (1285–1309) e Roberto I (1309–1343).

2 Non bisogna dimenticare che la colonia toscana era quasi l'unico settore della popolazione di tutto il Regno di Napoli che, come classe media, aiutava a colmare il divario tra l'aristocrazia e il popolo.

Nonostante ciò, le uniche produzioni boccaccesche che esercitarono una notevole influenza e furono conosciute al di fuori del ghetto toscano furono quelle latine, principalmente il *De casibus virorum illustrium*, il *De mulieribus claris* e, soprattutto, la *Genealogia*. Come afferma Sabatini,

> Neanche l'opera poetica e narrativa del giovane Boccaccio, che pure sboccia rigogliosa a Napoli e celebra e diletta proprio il bel mondo napoletano, suscita una contemporanea risposta dalla cultura locale. Perfino la lettera in dialetto napoletano [...] non è che uno scherzo tra Fiorentini, tra signori della cultura che osservano con ironia e distacco i risvolti di una società capace magari di affettare modi forestieri, ma intimamente priva di proprie tradizioni culturali. (Sabatini 1965: 96)

Data l'«esclusione sociale» dei toscani, non sorprende che durante la prima metà del Trecento la letteratura in volgare italico fosse un bene quasi esclusivamente di proprietà della colonia dell'Arno[3].

Questo panorama cambiò notevolmente con l'incoronazione di Giovanna I (1343), un evento che segnò una svolta nell'ascesa dell'influenza politica e sociale del settore toscano nel Regno. Subito dopo essere salita al trono, la nuova sovrana diede una prova inequivocabile dell'alta considerazione che aveva della colonia delle rive dell'Arno, come dimostra la concessione della posizione più importante della corte, quella di Gran Siniscalco, a Niccolò Acciaiuoli, un fiorentino che era arrivato a Napoli nel 1331[4].

All'ombra di Niccolò, la cultura latina, che era stata tenuta in grande considerazione ai tempi di Roberto I (si ricordi l'incoronazione di Petrarca come poeta laureato), passò in secondo piano rispetto al volgare. Forse una delle testimonianze più vivide di questo cambiamento nell'equilibrio delle forze culturali è data dall'epistolario del cancelliere che, se al tempo del

---

3   Anche nei primi anni del regno di Giovanna I la situazione continuò ad essere così, tale era la frattura culturale che separava questi settori della popolazione. Tuttavia, questo panorama non deve indurre a pensare che la letteratura volgare a Napoli sia nata nel periodo della prima monarca angioina, ma piuttosto che, fino a lei e dal momento dell'ascesa al trono di Roberto, ci sia stato uno iato significativo motivato, secondo alcuni critici, dal «senso d'inferiorità nell'elemento locale» (Sabatini 1965: 124).
4   Come informa Léonard (1960), oltre alla nomina di Gran Siniscalco, l'Acciaiuoli ricevette anche da Giovanna I il titolo di conte di Terlizzi.

terzo Angiò era stato scritto rigorosamente nella lingua di Roma, sotto lo scettro della nipote fu composto in volgare, ma non in un volgare qualsiasi, bensì in una sorta di koinè, in «un nuovo mescolato di varie lingue» (Boccaccio 1928: 168). In questa lingua ibrida non solo erano presenti gli elementi della Toscana natia del Siniscalco, ma termini e costruzioni con origini partenopee avevano un peso significativo ed è possibile individuare persino alcuni gallicismi.

Questa prassi linguistica è stata giudicata da alcuni come sintomo di uno «sprezzo del vulgare fiorentino» (Boccaccio 1928: 168), anche se, a nostro avviso, non dovrebbe essere considerata come tale, ma piuttosto come un approccio linguisticamente più democratico e coerente, soprattutto considerando il contesto della corte napoletana. In ogni caso, questa nuova tendenza non impedì che il toscano permeasse gradualmente la scrittura di testi letterari durante il primo periodo del regno di Giovanna, né che alcune delle principali composizioni in volgare di Boccaccio e, soprattutto, di Petrarca cominciassero ad essere diffuse tra la popolazione colta intorno al decennio del 1350 e, soprattutto, a partire dal 1360. Queste opere saranno responsabili della nascita di una nuova cultura letteraria nel sud della penisola; una cultura che emerse sulle orme della tradizione toscana e le cui materializzazioni poetiche caddero, per la maggior parte, nell'oblio fino alla fine dell'Ottocento o addirittura, in alcuni casi, fino agli ultimi decenni del Novecento.

Il primo dei filoni a cui questa influenza diede origine fu quello dei volgarizzamenti di opere latine o la composizione (più o meno indipendente dai testi precedenti) di poesie dal contenuto fondamentalmente didattico nelle quali il dialetto toscano cominciò gradualmente a entrare[5]. Questo fatto è la prova inconfutabile che, a poco a poco, il toscano cominciava a non essere più considerato un *primus inter pares* rispetto agli altri dialetti italiani, bensì che stava diventando una koinè letteraria in cui si concretizzava

---

5 La portata di queste influenze linguistiche è tale che in alcuni esempi, come nel caso delle varie testimonianze dei *Bagni di Pozzuoli*, le diverse versioni del testo che fino ai nostri giorni sono arrivate permettono di datare l'opera in decenni più o meno vicini alla metà del Trecento a seconda della fase della sua *risciacquatura nell'Arno*.

il desiderio di qualità e persino di perpetuità che ogni autore voleva conferire alle proprie produzioni artistiche.

Quest'ultima affermazione è particolarmente evidente nel secondo filone letterario di queste coordinate spazio-temporali: la lirica colta. Così, i poeti colti napoletani arrivarono a sconfessare ogni tratto linguistico che potesse lasciar intravedere le loro radici meridionali, al punto che arrivarono a scrivere in una lingua toscana che era estranea a tutti loro e le cui sfumature – come vedremo – non sempre erano in grado di gestire con padronanza.

I generi di questi testi sono molto vari, così che siamo stati costretti, nel formare il nostro corpus di studio, a lasciare da parte testimonianze che, pur avendo un'impronta inconfondibilmente toscana, ci sono sembrate meno rappresentative di quelle raccolte nelle pagine successive[6]. Per quanto riguarda la selezione dei lirici colti, come spiegheremo a tempo debito, i testi scelti si limitano all'opera di Guglielmo Maramauro e Bartolomeo di Capua, conte di Altavilla[7], i due autori che compongono la prima generazione di poesia colta del Trecento napoletano.

Forniremo una nostra edizione critica di tutti i sonetti di Maramauro e di Bartolomeo di Capua, frutto della consultazione diretta dei diversi manoscritti che tramandano la loro produzione. Analizzeremo tutti i componimenti di questi due autori che sono arrivati fino a noi, e li approfondiremo in modo diverso a seconda delle caratteristiche di ognuno dei casi. Il criterio che ha guidato la selezione e l'analisi non è stato altro che la presenza di echi petrarcheschi nell'opera di questi poeti. Tuttavia, come si vedrà, non abbiamo voluto tralasciare quei componimenti le cui fonti sono eminentemente dantesche o che risentono dell'influsso di altri poeti toscani precedenti all'aretino, in quanto sono rappresentative del cambiamento di stile che stava avvenendo tra le due generazioni di lirici colti nella Napoli

---

6 Tra le opere che sono state lasciate da parte, vale la pena menzionare alcuni testi cancellereschi, scartati perché mancano di uno scopo letterario, così come la *Cronaca di Partenope*, che fu già oggetto di alcuni studi di Altamura (1949) e Sabatini (1965) tra altri autori.

7 Sabatini fu il primo a battezzare questi due autori come «Due lirici petrarchisti» (1965: 124).

del periodo angioino e che avrebbe raggiunto il suo apice circa tre decenni dopo con Paolo dell'Aquila e, soprattutto, Landulfo di Lamberto.

La visita di intellettuali e letterati toscani come Boccaccio e Cino da Pistoia nel regno meridionale potrebbe essere interpretata come un fatto puramente accidentale, soprattutto perché l'attività letteraria in lingua volgare che questi autori svilupparono in terra napoletana era limitata al piccolo – sebbene elitario – ghetto dei fiorentini. Ciononostante, se il dialetto toscano giunse a distinguersi nel XIV secolo dal resto delle lingue volgari italiche (con l'eccezione, forse, del siciliano) fu proprio per l'altezza raggiunta dalle sue opere letterarie, soprattutto dalla produzione delle Tre Corone, che avrebbero dimostrato sia l'eleganza che la duttilità di questa lingua. Certo, queste circostanze culturali erano accompagnate da quelle politiche ed economiche, ma non dobbiamo dimenticare che queste due motivazioni erano strettamente collegate e che, senza l'una, l'altra non avrebbe avuto senso e sarebbe stata destinata al più clamoroso fallimento.

Con questo precedente, la massima prova che si potrebbe dare della penetrazione della letteratura toscana (o fiorentina) nella Napoli angioina sarebbe l'esistenza di autori che avessero scritto poesie seguendo i parametri stabiliti dai grandi poeti toscani. Questa influenza sarebbe stata determinata principalmente da Dante e Petrarca, nella misura in cui erano, insieme a Boccaccio, i massimi esponenti della letteratura toscana conosciuta al tempo degli Angioini. Tuttavia, i primi due avrebbero la particolarità che, a differenza del certaldese, pur avendo visitato Napoli, non ebbero mai un legame così stretto con la città partenopea da arrivare al punto che la loro presenza fisica nel Regno potesse essere usata per giustificare un'ipotetica influenza sulla vita culturale autoctona[8]. In altre parole, mentre Dante e Petrarca furono sempre considerati *toscani di Toscana*, Boccaccio, a causa dei suoi prolungati soggiorni presso la città partenopea, poteva essere visto – soprattutto dagli ambienti più filo-toscani, ai quali appartengono alcuni dei nostri autori, come il conte di Altavilla – come un membro della colonia toscana nel Regno. Inoltre, nella misura in cui gli interessi che motivarono il suo trasferimento nella capitale meridionale furono di natura

---

8 Nonostante queste circostanze privilegiate dell'opera di Boccaccio, abbiamo già fatto riferimento alla scarsa influenza che la produzione in volgare del certaldese ebbe sulla produzione culturale della Napoli trecentesca.

commerciale, anche oggettivamente, si può dire che godette di circostanze personali simili a quelle della maggioranza della colonia che aveva lasciato le terre di San Giovanni Battista per stabilirsi in quelle di San Gennaro.

Sebbene la critica non abbia prestato loro particolare attenzione né sia stata particolarmente benevola nei suoi giudizi[9], in queste coordinate troviamo due poeti isolati tra loro e di diversa estrazione sociale: Guglielmo Maramauro e Bartolomeo di Capua, conte di Altavilla, che, intorno ai decenni del 1350 e del 1360, iniziarono a coltivare la lirica di stile toscano.

La maggior parte delle opere di questi due autori si trova nel codice Gaddiano Reliqui 198 della Biblioteca Laurenziana di Firenze. Questi precursori furono seguiti da un secondo gruppo di autori: Paolo dell'Aquila, Landulfo di Lamberto e un autore anonimo, anch'essi isolati tra loro. Questo secondo gruppo svilupperà la sua produzione circa tre decenni dopo, già sotto il regno di Ladislao e quando l'influenza toscana era in una fase molto più consolidata, così che questi tre autori prenderanno il testimone di comporre una lirica colta secondo lo stampo delle rive dell'Arno, ma con alcune divergenze rispetto ai conterranei che li precedettero[10].

Di fronte a una produzione come quella di questi autori del periodo angioino, che non è eccessivamente ampia[11], ma la cui presentazione richiede un'ampia esegesi e un profondo lavoro ermeneutico, abbiamo

---

9   Un buon esempio di quest'atteggiamento critico si trova in Sabatini, che parla dell'opera di Guglielmo Maramauro e Bartolomeo di Capua nei seguenti termini:
    «Nonché il valore artistico e l'originalità, manca quasi sempre ai loro versi anche un minimo di scorrevolezza e chiarezza. Si ha la precisa impressione che questi scrittori si cimentassero con la lingua dei celebrati modelli senza riuscire a padroneggiarne a sufficienza né le strutture elementari, né, tanto meno, il valore di molti nessi sintattici e il senso di certa fraseologia! Le incongruenze e contorsioni sintattico-stilistiche sono il segno dominante dei loro componimenti, che proprio per questo ci appaiono [...] documenti espliciti di una situazione linguistico-culturale in forte movimento.» (Sabatini 1965: 127)
    Allo stesso modo, Barberi Squarotti (1990: I, 694) descrive l'opera di Maramauro e di Altavilla come «sdentata».
10 I primi studiosi a prendere in considerazione questi lirici trecenteschi furono Rajna (1881), De Blasiis (1876) y Torraca (1925[2]).
11 Se sommiamo la produzione dei cinque autori, considerando perfino i componimenti di dubbia attribuzione, si arriva a una cifra di circa venticinque opere.

deciso di limitare il corpus considerato in questo studio ai primi due autori per tre ragioni fondamentali.

In primo luogo, Guglielmo Maramauro e Bartolomeo di Capua sono i pionieri dell'imitazione dei modelli lirici toscani nel sud, così che poetano secondo questi parametri in un'epoca in cui l'influenza culturale toscana era ridotta a una cerchia ristretta – ed elitaria – nel Regno, che praticamente trovava le sue frontiere nella corte di Giovanna I[12]. In secondo luogo, a differenza della seconda pleiade, emersa a partire del regno di Ladislao, l'eco principale dei versi di questi poeti è Petrarca. Questo sembra essere dovuto al fatto che la produzione di questi due autori tratta temi più affini alla *Weltanschauung* dell'aretino, in contrasto con l'aspetto politico che sembra risvegliarsi lungo il decennio del 1380. Forse come conseguenza di questo cambiamento di sensibilità, poeti come Landulfo di Lamberto considerarono l'epopea dantesca come il serbatoio di immagini più appropriato per le loro composizioni. Infine, la terza ragione che giustifica questa selezione è il fatto che le opere composte negli ultimi due decenni del Trecento hanno goduto di maggiore studio e diffusione tra i critici, che si sono concentrati soprattutto su Paolo dell'Aquila e Landulfo di Lamberto[13].

---

12 Ricordiamo il filotoscanismo della sovrana, il cui culmine fu la nomina di Niccolò Acciaiuoli come Gran Siniscalco.

13 Dopo Torraca (1925: 119–27), Paolo dell'Aquila suscitò l'interesse di Guarnaschelli (1946); Altamura (1948, 1952), AA.VV. (1952), Croce (1953: I, 8–22), Corsi (1954) e Coluccia (1975: 55–60, 97–104) tra gli altri. La canzone di Landulfo di Lamberto, invece, è stata analizzata da autori come Torraca (1925: 127–133), Altamura (1952) e, più dettagliatamente, Coluccia (1971, 1975: 61, 105–113).

2. Lingua e letteratura toscana nella prima generazione di lirici colti napoletani

Tenendo presenti le caratteristiche di un filone lirico come quello che verrà descritto in queste pagine, va da sé che la cultura toscana godeva di una posizione privilegiata nel canone personale degli autori che studieremo. Tuttavia, al di là di questo, vale la pena notare che, a partire dall'ascesa di Giovanna I al trono di Napoli (1343), diverse famiglie fiorentine residenti nella città partenopea (tra le quali spicca la già citata famiglia Acciaiuoli) erano arrivate ad occupare posizioni di alta responsabilità presso la corte. Di conseguenza, non si può escludere che la conoscenza della cultura toscana – e, naturalmente e di conseguenza, della sua lingua e della sua letteratura – fosse vista come una materia ulteriore nella formazione dei membri delle classi relativamente alte o come una componente che poteva contribuire al successo e alla promozione negli ambienti di corte di coloro che padroneggiavano questi campi o, almeno, cercavano di diventarne esperti. Maramauro e, soprattutto, il conte di Altavilla sembravano muoversi proprio in questo contesto.

Concentreremo la nostra attenzione sulle due sfere che abbiamo appena menzionato: la lingua e la letteratura toscana e, più precisamente, sulla padronanza di esse dimostrata dai nostri autori attraverso le loro opere. Prima di procedere con l'analisi, bisogna tener presente che questi due fattori non devono essere considerati indipendentemente, ma come due aspetti distinti dello stesso fenomeno. Diciamo questo perché non dobbiamo dimenticare che ogni affermazione che possiamo fare sulla lingua toscana è condizionata dalla sfera della produzione letteraria, sia passivamente che attivamente. In maniera passiva, perché si può supporre che il rapporto dei lirici con le rime toscane fosse uno dei modi per conoscere la lingua toscana; attivamente, perché la manifestazione nell'uso di questo codice linguistico si limitava quasi esclusivamente all'attività di composizione letteraria.

A questo punto, cominciamo con lo studio delle questioni letterarie. I temi preesistenti che appaiono nelle composizioni di Maramauro o Altavilla sono fondamentalmente di origine o, quanto meno, di mediazione toscana. Perfino nella stragrande maggioranza dei casi in cui ci sono elementi poetici provenienti da tradizioni liriche extra-italiche (come nel caso dei motivi che risalgono alla lirica occitana), essi arrivano nelle opere dei nostri poeti attraverso il filtro toscano. In contrasto con questo primato, le tracce di poesia colta meridionale sono talmente scarse da potersi dire quasi inesistenti rispetto all'impronta settentrionale e si riducono all'eco di autori siciliani dietro alcuni versi di Maramauro.

Non succede lo stesso, invece, con la produzione di Bartolomeo di Capua, nei cui sonetti solo alcuni tratti linguistici – e mai tematici – di origine meridionale trapelano dalle crepe della sua padronanza del dialetto toscano. Tutto sommato, potremmo dire che, tematicamente, il conte è il più «toscanizzato» dei due autori, e certamente il più petrarchista. Infatti, nell'insieme dei suoi sonetti, potremmo ritrovare – naturalmente, con delle sfumature – le tre tappe fondamentali che hanno segnato la *Weltanschauung* del Petrarca lirico[14], ereditate dalla tradizione letteraria in cui si trovano anche altri autori come Dante o Cino da Pistoia. Vale a dire, la sofferenza causata da un amore non corrisposto, la morte della donna amata e il ritrovamento della consolazione dopo la sofferenza in un *modus vivendi* diverso dal precedente.

Per quanto riguarda la loro funzione, gli elementi toscani in generale e petrarcheschi in particolare che appaiono sia nei componimenti maramauriani che in quelli altavillani sono utilizzati come materiali preesistenti che, inseriti in un nuovo contesto, danno origine a opere letterarie completamente nuove. Questi elementi acquisiscono valore, non solo per sé stessi, ma anche intertestualmente e, come in un polittico medievale, per il modo in cui ognuno di essi è legato all'ambito a cui appartiene.

Questa influenza, o piuttosto questa imitazione tematica, si riflette linguisticamente attraverso la successiva adozione del dialetto toscano come

---

14 Parliamo di «Weltanschauung» e non di «opera» del Petrarca lirico perché ci riferiamo non solo ai *Rerum vulgarium fragmenta* e ai *Trionfi*, materializzazione poetica della dottrina petrarchesca, ma anche a tutte quelle opere latine, tra le quali il *Secretum* occupa un posto di rilievo, in cui l'autore pone le basi teoriche che necessariamente precedono l'opera volgare e che le forniscono il suo significato globale.

mezzo di comunicazione letteraria. Tuttavia, nelle pagine seguenti avremo ripetute occasioni per evidenziare le particolarità e le deviazioni che questa «variante napoletana della lingua toscana» comprendeva. Naturalmente, non possiamo essere sicuri che i nostri autori fossero consapevoli delle loro carenze linguistiche, che a volte portano a errori lessicali, semantici e sintattici. In ogni caso, resta vero che questo uso è il riflesso fedele di una volontà che si potrebbe quasi definire disperata: l'anelito ad aggrapparsi a un ideale poetico canonico che fornisse ai lirici colti gli strumenti necessari per affrontare un tipo di poesia che a Napoli, in contrasto con quanto accadeva in gran parte della penisola, non aveva avuto fino ad allora uno spazio[15]. Infatti, anche tenendo conto degli errori linguistici a cui abbiamo appena accennato, si può dire che questi lirici erano notevolmente efficienti nel loro lavoro e che esso fu svolto in modo abbastanza sistematico.

Secondo Formentin, le principali aree di azione di questi poeti in relazione al dialetto napoletano furono

> Il rifiuto degli esiti metafonetici napoletani (*quélli: bèlli; vècchi: sécchi*), la frequentissima apocope "letteraria" (*amor, àn* "hanno", *crudel, qual, quel*, ecc.), la sincope (*salsi, valsi*), l'adozione delle forme deboli dell'articolo determinativo e delle preposizioni articolate (*il, i, al, col, del*, ecc. di contro ai napoletani *lo, li, a lo*, ecc.). (Formentin 1995: 143)

Questa sintesi esaustiva dei campi di operazione dell'imitazione toscana precede, d'altra parte, una vaga enumerazione delle tracce di fenomeni locali presenti in questi versi:

> Sono invece scarse le tracce di fenomeni locali, e solo una volta in rima *sprun'* 'speroni' metafonetico, *spanna* 'spanda' (con assimilazione ND > *nn*), *strata* (con sorda napoletana) in rima con *infiammata*[16], *ca* congiunzione causale e pronome relativo (forma peraltro autorizzata dall'antecedente lirico dei siciliani), futuro con -*rr*- (*farrete*). (Formentin 1995: 143–44)

---

15 Per informazioni più dettagliate su questo punto, si veda Sabatini (1965: 117–119).
16 Si veda Altavilla V, 1. È vero che la forma «strata», con la sorda intervocalica caratteristica del dialetto napoletano, sembra nascondere il termine «strada», presentato – come si vedrà – nella nostra edizione e che rompe lo schema di rima del sonetto. Tuttavia, dobbiamo ricordare che è proprio la variante toscana quella che si trova nel codice che serve come unica fonte di questo sonetto.

A parte la frequenza con cui appaiono fenomeni linguistici riguardanti le varietà meridionali, crediamo che la prova principale che il toscano di questi autori sia una sorta di interlingua, per usare la terminologia della glottodidattica corrente, sia l'uso poco abile della fraseologia e della sintassi rispetto alla semantica di alcuni passaggi. Ricordiamo, per esempio, sintagmi come «t'incangi e mugi» (Altavilla VIII, 7), «rimirar il canto» (Altavilla IX, 8) o la seconda terzina di Altavilla VII[17]. In altre parole, da un punto di vista linguistico, il problema dei nostri poeti non è tanto la loro mancanza di conoscenza della L2, che li avrebbe spinti a riempire i vuoti delle loro intenzioni comunicative con termini della L1 (come quelli evidenziati da Formentin), bensì la loro mancanza di conoscenza dell'applicazione pratica delle forme linguistiche che già conoscevano della L2. Questa lacuna si colmerà con le successive generazioni di lirici colti napoletani, a cominciare da quella di Paolo dell'Aquila, circa tre decenni dopo questo primo movimento, fino ai petrarchisti aragonesi[18].

Tuttavia, l'aspetto più rilevante di questo fenomeno sta nel fatto che potrebbe essere indicativo di due diverse questioni che riguarderebbero anche (e, paradossalmente, soprattutto) l'opera di Bartolomeo di Capua, nonostante le sue particolari circostanze biografiche, di cui parleremo più avanti. Così, questa mancanza di conoscenza linguistica pratica potrebbe essere dovuta al fatto che il toscano fosse per questo autore solo una lingua non parlata, limitata alla sfera dei testi scritti, oppure al fatto che il conte era ancora in una fase iniziale e poco comunicativa – per dirlo ancora con

---

17 Per ulteriori dati sulla sgrammaticatura di alcuni passaggi della poesia del conte di Altavilla, si veda Rodríguez-Mesa (2012a).

18 I lirici colti napoletani del periodo aragonese furono battezzati «lirici d'avanguardia» o «poeti della vecchia guardia» (Corti 1956) per distinguerli dalla generazione che emerse agli inizi del Cinquecento. Questa pleiade sorse attorno a Federico d'Aragona ed era composta da Pietro Jacopo de Jennaro, Giuliano Perleoni (conosciuto anche con il soprannome di Rustico Romano), Giannantonio de Petruciis (conte di Policastro), Francesco Galeota, Giovanni Aloisio e Giovan Francesco Caracciolo. Per approfondimenti su questo filone, si vedano i primi lavori rilevanti sull'argomento, ovvero quelli di Maria Corti (1956) e Santagata (1979a) e anche i lavori più recenti di Milella (Aloisio 2006), Giovanazzi (2009), Rodríguez-Mesa (2012; 2021) e Picchiorri (De Petruciis 2013). Inoltre, il lavoro coordinato da Comboni e Zanato (2017) comprende capitoli dedicati ai canzonieri di questi autori.

i termini glottodidattici – di apprendimento del toscano nel momento in cui compose i suoi sonetti.

Se ritenessimo come valida questa seconda ipotesi, ciò verrebbe anche a sostenere la nostra teoria secondo la quale il periodo iniziale di composizione dell'opera altavillana dovrebbe essere anteriore all'anno 1358 e, quindi, all'attività poetica di Guglielmo Maramauro.

3. Guglielmo Maramauro

Forse il più anziano di questi lirici, e certamente l'unico di cui si conosceva l'esistenza alla fine dell'Ottocento, è Guglielmo Maramauro (o Marramaldo o Maramaldo)[19]. Il poeta fu il secondo Guglielmo della famiglia Maramauro, dopo il nonno paterno[20], la cui carica di «Giustiziere degli Scholari» è attestata già nel 1303. Questa omonimia all'interno della stessa famiglia[21], a cui si aggiunge la presunta esistenza di un terzo Guglielmo (possibile nipote del nostro poeta)[22], ha portato a molti equivoci da parte

---

19 La variante «Maramauro» deriva dalla velarizzazione della «l» e dal passaggio da -d- a -r-, come in «caldo > cauro». Arianna Terzi (2007) adopera proprio la grafia «Maramaldo, Guglielmo» per la voce che dedica al poeta all'interno del *Dizionario Biografico degli Italiani*. Rimandiamo a questo lavoro (reperibile anche online) per ulteriori informazioni sulla vita del nostro autore.
20 Tra i Maramauro era consuetudine che il primogenito fosse battezzato con il nome del nonno.
21 Per la definizione di un albero genealogico, se non definitivo (a causa dei caratteri non ancora inclusi), indubbiamente molto più ragionato dei precedenti, rimandiamo al prologo di P.G. Pisoni (in Maramauro 1998: 3–5).
22 Se fosse esistito, questo terzo Guglielmo sarebbe stato necessariamente figlio di Feulo, il più giovane dei figli del poeta, per il semplice fatto che Landolfo, il primogenito, si dedicò alla carriera ecclesiastica (divenne infatti cardinale di Bari) e Carlo (o Carluccio), il secondo, morì senza figli. Questo dimostra che fu il nipote Filippo Antonio (poeta della cosiddetta seconda generazione napoletana e fratello di questo terzo presunto Guglielmo) a ereditare il titolo di barone di Felitto. Tuttavia, vale la pena notare che solo Torraca (1925: 103) e De Blasiis (1876: 758) parlano di questo terzo omonimo, il che potrebbe far pensare – a nostro avviso e dopo aver controllato varie cronologie – a due diverse possibilità. Da un lato, ciò potrebbe implicare una confusione da parte di questi critici che, a causa della longevità del nostro poeta e della sua lunga carriera come autore di testi di diverso tipo, in assenza di prove contrarie, hanno pensato di trovarsi di fronte a due autori diversi. D'altra parte, è altrettanto probabile che questo terzo Guglielmo sia morto prematuramente e che, quindi, non abbia avuto il tempo di sviluppare appieno la sua carriera letteraria. Entrambe le teorie sono supportate anche dal fatto che fu Filippo Antonio a ereditare la baronia dello zio, poiché, se ci fosse stato un terzo Guglielmo sopravvissuto a Carlo Maramauro, sarebbe stato, in quanto primogenito, il successivo nella linea di successione al titolo nobiliare.

della critica nello stabilire la paternità – e, quindi, la cronologia – dei testi che sono giunti fino a noi o di cui si hanno prove attraverso altre testimonianze. Questo corpus comprende cinque sonetti[23], due canzoni, un commento all'*Inferno* dantesco[24] e una breve opera storiografica, il *Chronicon de Regno Neapolitano*. Tutte queste opere, secondo diversi studi[25], furono composte dal secondo Guglielmo; tuttavia, autori come Torraca si sono spinti a privare il nostro autore della sua intera produzione, sostenendo che

> A Guglielmo si attribuisce una Cronaca, di cui non si conosce se non un solo brano, relativo all'anno 1373. Ma il De Blasiis dubita che la vita del Maramauro si prolungasse fino a quell'anno, e crede autore della cronaca un altro Guglielmo, della stessa famiglia, del quale si trova ricordo in un documento del 1401. Se devo dir tutto il mio pensiero, anche i sonetti, forse, furono composti non dall'amico del Petrarca, bensì dal secondo Guglielmo. (Torraca 1925: 103)

Il nostro Guglielmo dovette essere nato intorno al 1315–1320[26], poiché nel 1349 era titolare di alcuni diritti feudali ereditati dal padre Landolfo, condizione per la quale avrebbe dovuto raggiungere la maggiore età. Deve essere morto anche prima del 1383, anno in cui l'umanista Giovanni Quatrario compose per lui il seguente epitaffio, grazie al quale conosciamo la sua poliedrica attività:

> Parthenopes miles celebris vi, Marte, Minerva,
> Effigiens Guilielmus adest Maramaurus Averna.
> Multuorum mores hominum nam vidit et urbes,
> Naturam didicit, Musas, post sidera nubes.
> Scripsit et in Dantem tenebrans quoscumque priores,

---

23 Come vedremo in seguito, la paternità di alcuni sonetti (soprattutto quelli che non appartengono al già citato codice Gadd. Reliq. 198) presenta evidenti problemi, e la critica non è in grado di concordare sul numero di attribuzioni a Maramauro. Pertanto, questi variano tra i quattro presenti in Gadd. Reliq. 198 e i sei, se si includono i componimenti «O spirito gentile, o vero Dante», presente al f. 334 r. del codice Chigi L IV 131 della Biblioteca Apostolica Vaticana e nella Biblioteca Classense di Ravenna, ms. 7, (f. 112 r.) e «Vostro sí pio officio offerto a Dante», raccolto nel ms. Canoniciano ital. 97 della Bodleian Library, Oxford (f. 193 r.).
24 Cfr. Maramauro 1998.
25 Parliamo, soprattutto, di Cutolo (1936–44) e Sabatini (1965).
26 Per delle coordinate biografiche più ampie rimandiamo ancora all'introduzione di P.G. Pisoni a Maramauro 1998 (in particolare alle pp. 3–22).

Stegmata cuncta deum describens arbore, mores.
Coniugis elate felici prole beatus,
Defuit, hac tandem preceptor in ede creatus[27]. (Pansa 1912: 151–159).

Maramauro è forse l'autore che meglio rappresenta la permeabilità della cultura toscana nel regno partenopeo, anche se va tenuto presente che il suo caso non è paradigmatico. Come si è detto, il poeta è autore di un commento all'*Inferno* dantesco[28], ma, al di là di questo, Guglielmo fu in contatto con Petrarca, con il quale probabilmente ebbe un incontro ad un certo punto della sua vita, che diede origine alla corrispondenza tra i due. Le epistole del napoletano a Petrarca sono andate perdute, ma le risposte di quest'ultimo costituiscono due *Senili*, XI, 5 e XV, 4 (vedi appendice I), dalle quali traspare la fervida ammirazione di Maramauro nei confronti dell'aretino.

Questo intenso legame con la cultura toscana si concretizza e raggiunge un'intensità memorabile nei quattro sonetti dell'autore raccolti nel già citato codice della Biblioteca Laurenziana di Firenze. Il primo di questi[29], preceduto dal paratesto «Sonecto d'amore di misser Guliermo maramauro de Napoli»[30] è presente tra i ff. 53 r. e 53 v.:

---

27 «Qui giace Gugliemo Maramauro, cittadino napoletano, famoso per la sua forza, il suo coraggio, la sua saggezza, che ha descritto gli inferni. Vide i costumi di molti uomini e le loro città, studiò la natura, le muse e, dietro le stelle, le nuvole. Scrisse così bene di Dante da mettere in ombra alcuni dei suoi predecessori, descrisse tramite un albero tutti i costumi degli dei. Benedetto dalla prole di una nobile sposa, morì, padrone in questa casa che aveva creato». La traduzione è nostra.

28 Il primo autore a far riferimento all'opera di questo esegeta fu Giovanni Quatrario nel già citato epitaffio, in cui affermava che la qualità di questo commento metteva in ombra il resto delle opere precedenti. Da allora, però, il commento è rimasto sconosciuto e solo Francesco Novati, in un colloquio privato con Giovanni Pansa nel 1912, vi fece nuovamente riferimento, assicurando di averlo trovato e che esso si limitava esclusivamente all'*Inferno* (Sabatini 1965: 127). Tuttavia, solo nel 1998 è stata pubblicata la prima edizione del testo, a cura di P.G. Pisoni e S. Bellomo (Maramauro 1998).

29 Coluccia (1975) ha offerto una magnifica edizione dei testi. Tuttavia, tutte le poesie incluse in questo studio sono il risultato della consultazione diretta dei manoscritti e del nostro lavoro ecdotico, al fine di offrire un'edizione critica il più possibile accurata.

30 Sonetto con strambotto con quartine di rima baciata (come tutti quelli di questi autori) e terzine di tre rime, ordinatamente ripetute, più la coda. Edizioni precedenti: De Blasiis (1876: 780), Torraca (1925: 103) e Coluccia (1975: 86).

> Io benedico il duro ferro e l'arco
> col qual mi fo passato in prima il core,
> e sempre benedico e lodo Amore
> che m'à del suo piacer sì forte carco.
> E benedico quel dolce varco[31]
> per cu'io sento il su'alto valore,
> e benedico il foco e quel calore,
> c'al mio volere non è stato parco.
> E benedico le lagrime e li sospiri,[32]
> li affanni e le fatige sostenu[t]e[33].
> [E benedico … … … … … … –empo][34],
> e li crudeli e li aspri mei martiri.
> E benedico tutte le ferute
> c'Amor mi fe' sentir per ogni tempo.
> E benedico te, buono Cupido,
> che m'ài locato al 'moroso nido.

Questo componimento è erede di una complessa tradizione tematica della letteratura romanza, quella della ripetizione del momento dell'innamoramento o del primo incontro con la donna amata e della sua benedizione. Questo filone proviene già dai trovatori provenzali e, tra questi, Peire Vidal ne è il primo coltivatore con la seconda strofa del canto «Non es savis ne gaire ben apres» (364, 30a) (Scarano 1901: 280 e Riquer [1964] 1999, I: 614–616). Tuttavia, tenendo conto del contesto storico e culturale in cui visse Maramauro, ci sembra che la fonte di ispirazione per il suo sonetto non risalga a un tempo e a una terra così lontani come quelli dei trovatori,

---

31 Verso ipometro, leggere «que*llo*». Questa soluzione era già stata proposta ai tempi di Torraca (1925: 103) e ripresa da Coluccia (1975: 86).

32 Per rimediare questa ipermetria (una delle più notevoli di tutti i sonetti) concordiamo con Coluccia (1975: 86) sulla necessità di ignorare gli articoli definiti «le» e «li».

33 Il ms. mostra «sostenue». Come sottolinea Coluccia (1975: 86), è molto probabile che si tratti di un settentrionalismo da parte del copista, che causa l'ipometria del verso, facilmente rimediabile ripristinando la grafia originale mancante.

34 Lacuna del ms. Tuttavia, grazie al contesto testuale, sappiamo che deve iniziare, come tutti i versi pari, con la costruzione anaforica «e benedico» e che la rima sarà -empo, poiché «tempo» è in posizione finale tre versi più avanti.

bensì che sia da ricercare principalmente nel sonetto LXI del Canzoniere di Petrarca[35].

Non sorprende, quindi, che entrambe le poesie condividano alcuni modelli di strutturazione del contenuto, come le parole chiave, «benedetto» nel caso di Petrarca e «benedico» in Maramauro. Questi termini inaugurano quasi tutte le partizioni metriche dei sonetti, essendo presenti nei versi 1, 5, 9 di entrambi i componimenti, nonché – per la sua peculiare variante strofica – nei versi 11, 13 e 15 del poeta napoletano.

Nonostante i parallelismi anche nella presenza fisica di questi elementi in entrambi i sonetti, ci sembra opportuno segnalare alcune differenze nelle sfumature semantiche di questi capoversi ricorrenti. La scelta di «benedico» da parte di Maramauro aggiunge un'ulteriore enfasi sull'io poetico rispetto alla descrizione concettualmente ed esteriormente più impersonale di Petrarca. Mentre nel microtesto dei *Rvf* questa esperienza d'amore acquisisce valori quasi cosmologici per effetto della confluenza della narrazione personale e privata con questa formula oggettiva di benedizione, nel sonetto napoletano il contenuto è motivato solo ed esclusivamente da una realtà interna all'io lirico. Questo contrasto tra il modello e il risultato è particolarmente significativo nella conclusione di entrambi i componimenti, perché mentre l'aretino allude a «tutte le carte» (v. 12) attraverso le quali conferisce fama a Laura, Maramauro si limita a esaltare il dio Amore, che ha preso dimora nel suo corpo[36].

Altri elementi paralleli tra le due poesie risiedono in quelle che potremmo definire le manifestazioni dell'anima dei due i soggetti lirici di fronte all'amore, che occupano la prima terzina di ciascuno dei sonetti con elementi comuni, come lacrime e sospiri. Allo stesso modo, le armi utilizzate da Cupido sono descritte in *Rvf*, LXI, 7 («l'arco, et le saette») e in Maramauro, I, 1 («duro ferro e l'arco»), e lo stesso vale per i danni fisici derivanti da questo attacco, presenti in entrambi i testi sotto forma di «piaghe» (*Rvf*, LXI, 8) e «ferute» (M, I, 12).

---

35 Nelle *Laudi* di Jacopone da Todi (28, 60) si legge «Benedetta sia l'ora e la dia, ch'eo si credetti a tui mutti». Tuttavia, non crediamo che questa possa essere la fonte di Maramauro, né, peraltro, quella di Petrarca.
36 Per quanto riguarda la conclusione del sonetto napoletano, si noti la vicinanza tematica con l'incipit (1, 1–2) del *Ninfale fiesolano* boccaccesco.

La principale innovazione di Maramauro rispetto alla fonte petrarchesca è, però, la benedizione diretta del «buono Cupido», che nel poema toscano sarebbe stato un elemento contraddittorio e, oseremmo dire, addirittura conflittuale per la sua posizione all'interno del macrotesto dei *Rvf*, poiché avrebbe preceduto il sonetto «Padre del ciel».

D'altra parte, Pisoni (Maramauro 1998: 16) ha interpretato nel sintagma «le lagrime e li sospiri» e nella sua rima con «martiri», così come in quelli formati da «arco / carco / varco» elementi danteschi procedenti da *Purg.*, XXXI, 17, 22. Per quanto riguarda la rima «martiri / sospiri», ci sembra un'allusione poco fondata a causa della sua ricorrenza nella lirica italiana precedente; in effetti, ogni volta che «martiri» appare in posizione di rima nei *Rvf*, lo fa in combinazione con «sospiri»[37]. Allo stesso modo, nelle quattro occasioni in cui il primo termine compare nell'opera di Cavalcanti lo fa in combinazione con il secondo[38], e due delle tre volte in cui troviamo questa voce nei componimenti di Cino da Pistoia è inserita in un contesto simile[39]. D'altra parte, in cinque occasioni i termini «lagrime» e «sospiri» convergono nella stessa strofa del Canzoniere petrarchesco[40]. Per quanto riguarda «arco / carco / varco», anche in *Rvf* CCLXX, 47, 48, 50 appaiono in rima tra loro[41].

Un particolare rapporto testuale e tematico si instaura tra questo primo sonetto e il terzo, che funge da contrappunto a quello già analizzato, in quanto presenta una successione di maledizioni che fanno riferimento ad aree semantiche parallele a quelle esposte nelle precedenti benedizioni. Il

---

[37] Si tratta di *Rvf* XII, 10, 14; XVII, 2, 7; XXIII, 13, 16; XCVII, 2, 7; CXXVII, 9, 10; CXXXI, 2, 7 e CCCLX, 72, 73.

[38] Ovvero in X, 4, 12 («Vedete ch'i' son un che vo piangendo»); XV, 4, 5 («Se Mercé fosse amica a' miei disiri»); XXI, 9, 13 («O donna mia, non vedestù colui») e XXXI, 11, 13 («Gli occhi di quella gentil forosetta»). In avanti, e fino a diversa indicazione, citeremo i componimenti cavalcantiani e quelli di tutti gli autori per i quali non è specificato il contrario secondo l'edizione di Contini (1960).

[39] Nello specifico, in VII, 1, 8 («Deh, non mi domandar perché sospiri», dove «sospiri» è una forma verbale) e XVI, 9, 13 («Dante, i' ho preso l'abito di doglia»).

[40] *Rvf* LXI, 11; CLV, 14; CLVII, 14; CCXII, 13 e CCCLXVI, 128.

[41] È inoltre significativo che la combinazione «varco / arco» si trovi in III, 11–14.

legame tra questi componimenti è così stretto che, ancora una volta, gli echi del modello petrarchesco e della corrente letteraria in cui si inserisce sono costanti. Questo testo si trova al f. 57 v. del manoscritto, preceduto dall'iscrizione «Sonecto d'amore di misser Guigliermo»[42]:

> Io maledico il tempo e la stagione
> e il mese e la settimana, il giorno e l'anno
> e l'ora e il tempo che, con tanto affanno,
> Amor mi pone ad esser tua pregione.
> E maledico gli atti e quel sermone
> che m'àn, sperando, facto tanto danpno;
> e maledico quel dolce inganno
> che fact'have a me senza cagione.
> E maledico i miei veloci passi
> ch'i' ò con voi menati con fatiga;
> e maledico l'encostro e le carte,
> la lingua e 'l suon e i miei spiriti lassi;[43]
> e maledico te, crudele nimiga,[44]
> che m'hai distrutto con lusenghe e arte.

I parallelismi tra questo sonetto e il precedente sono più che notevoli e vanno oltre la sfera del contenuto, poiché sono evidenti anche nel modo in cui questo contenuto è strutturato nella poesia. Così, la maledizione, attraverso l'iterazione di «io / e maledico», si ritrova all'inizio dei versi dispari (con la sola eccezione del terzo), mentre la presenza di una clausola subordinata relativa è frequente nei versi pari (con l'eccezione della prima quartina).

In termini intertestuali più ampi, più che di strofe parallele, nel caso del confronto tra le prime due quartine, si potrebbe parlare di versi simili tra Petrarca e Maramauro, soprattutto se si limita l'attenzione agli incipit dei componimenti che, nel caso del napoletano, si presentano come il contrappunto negativo al *topos* assunto dall'aretino. Allo stesso modo, il

---

42 Sonetto con terzine di tre rime ripetute. Edizioni precedenti: De Blasiis (1876: 754–755); Torraca (1925: 104) e Coluccia (1975: 87–88).
43 Verso ipermetro, si legga «spirti». Coluccia (1975: 88) condivide la nostra soluzione, mentre Torraca (1925: 104) sceglie di risolvere direttamente l'ipermetria nella sua edizione eliminando la vocale postonica presente nel ms.
44 Verso ipermetro, si legga «crudel». Questa soluzione è condivisa da Coluccia (1975: 88).

v. 11 è debitore della tematica petrarchesca, poiché esprime la condanna della conclusione di *Rvf* LXI (vv. 12–13), maledicendo i testi stessi da cui questo amore ha avuto origine. Tuttavia, questo verso rimanda a un'altra fonte petrarchesca, oltre a *Rvf* LXI, ossia *Rvf* LXXIV, nella cui ultima terzina l'autore afferma che dalle sue pene amorose «vien l'enchiostro» e anche «le carte» (*Rvf* LXXIV, 12). Allo stesso modo, da questo sonetto Maramauro potrebbe aver tratto l'immagine della «fatigha» dei passi compiuti seguendo l'amata (M III, 9–10), poiché Petrarca afferma «[...] che' pie' miei non son fiaccati et lassi / a seguir l'orme vostre in ogni parte / perdendo inutilmente tanti passi» (*Rvf* LXXIV, 9–11).

Un altro aspetto che potrebbe confermare l'utilizzo di questi due componimenti petrarcheschi come modello per il sonetto napoletano è la ripetizione di alcune parole in posizione di rima tra i testi («anno»: *Rvf* LXI, 1 e M III, 2; «affanno»: *Rvf* LXI, 5 e M III, 3; «lassi»: *Rvf* LXXIV, 9 e M III, 12; «passi»: *Rvf* LXXIV, 11 e M III, 9; «carte»: *Rvf* LXXIV, 12 e M III, 11; «arte»: *Rvf* LXXIV, 14 e M III, 14). Questo fenomeno potrebbe avvalorare l'ipotesi che l'esegeta dantesco non solo conoscesse le poesie di Petrarca, ma potesse avervi accesso durante la composizione del sonetto, non solo per le somiglianze lessicali, ma anche per l'ampio uso dei parallelismi, un tratto tipicamente petrarchesco e in parte estraneo alle correnti liriche precedenti, come il Dolce Stil Novo.

Nonostante questo legame tematico e testuale, il sonetto di Maramauro non va preso come una semplice o isolata risposta al motivo petrarchesco, poiché si tratta di un tema che, nella letteratura italiana tra il Duecento e il Trecento, costituisce un fenomeno lirico frequente quanto la variante positiva del *topos*. In effetti, troviamo casi come «Maladetta sie l'or'e'l punt» (*Rime* LI) di Cecco Angiolieri o «Io maledico il dì ch'io vedo prima» (*Rime* XCVI) di Cino da Pistoia.

Queste due testimonianze, inoltre, coincidono tematicamente con il sonetto di Maramauro nella condanna delle coordinate temporali in cui è avvenuto l'innamoramento. Tuttavia, ci sono alcune divergenze, come il fatto che le prime quartine dei poeti toscani – come succede in *Rvf* LXI – aggiungono la maledizione spaziale a quella temporale. Maramauro, invece, condivide con Cino la condanna degli scritti scaturiti dall'amore, anche se il poeta pistoiese – come Petrarca (*Rvf* LXI, 12–13) – aggiunge il suo intento di «far che'l mondo mai sempre v'onori» (XCVI, 8).

Particolarmente degne di nota sono le affinità, sempre sia tematiche che testuali, tra Maramauro e Cecco Angiolieri, e non solo per le analogie tra le prime due quartine di entrambe le opere, che illustriamo riproducendo di seguito la strofa toscana e aggiungendo il corsivo ai termini presenti in Maramauro:

> Maladetta sie l'*or'* e 'l punt'e 'l *giorno*
> e la *semana* e 'l *mese* e tutto l'*anno*,
> che la mia donna mi fece uno 'nganno,
> il qual m'ha tolt'al cuor ogni soggiorno. (*Rime* LI, 1–4)

Si potrebbe anche sostenere che i parallelismi testuali dei componimenti di Angiolieri e Maramauro vadano oltre, dal momento che essi condividono, sempre in posizione di rima, oltre ai petrarcheschi «anno» e «affanno», i termini «'nganno»: A LI, 3 / «inganno»: M III, 7 e «danno»: A LI, 7 / «danpno»: M III, 6. Tuttavia, in questo caso, azzardare che l'opera di Cecco sia arrivata a Napoli così presto e che la sua lettura sia arrivata al di là della comunità toscana della città è forse troppo ardito. Così, anche se alla luce dei testi sembra che la ricorrenza sia evidente, non bisogna dimenticare che, per quanto riguarda quest'argomento, non c'è nessuna caratteristica significativa presente in Maramauro e Cecco che Petrarca ignori in *Rvf* LXI e, anche se così fosse, come abbiamo già sostenuto, queste poesie ruotano intorno a un *topos* frequente nelle letterature romanze del periodo. D'altra parte, per quanto riguarda le coincidenze in rima, la combinazione «affanno / anno / danno / inganno», oltre a essere semanticamente adatta a questo tipo di confronto, è abbastanza evidente nel contesto dei testi che Maramauro poteva conoscere[45].

---

45 Per citare un esempio specifico, nel caso del canzoniere petrarchesco, delle quattordici occasioni in cui il termine «affanno» compare in rima, undici volte appare in combinazione con uno degli altri termini. «Anno», con un totale di undici occorrenze alla fine della strofa, appare isolato dalle altre tre voci solo in un'occasione. Tra le tredici volte in cui «danno» (o «damno») è presente in posizione di rima, dieci volte è presente in associazione con gli altri termini e, tra le tre occorrenze di «inganno» nel luogo citato, solo una volta compare al di fuori del contesto che stiamo descrivendo. Troviamo la confluenza di tre di questi quattro elementi anche in *Rvf* L, 52, 53, 55; *Rvf* CXVIII, 1, 4, 5; *Rvf* CCXXI, 1, 4, 8; *Rvf* CCLXXVIII, 11, 12, 14 e *Rvf* CCCLXVI 81, 84, 88. Questi fatti, a nostro avviso, confermano la ricorrenza di questo paradigma nella lirica italiana del periodo.

Passiamo ora all'analisi degli altri due componimenti di Guglielmo Maramauro, quelli che compaiono al secondo e al quarto posto del codice Gaddiano. Abbiamo affrontato il loro studio separatamente rispetto ai due sonetti già citati, senza rispettare l'ordine del solo manoscritto che li tramanda, perché essi raffigurano la questione dell'influenza toscana in modo diverso dalle due poesie già studiate, nella misura in cui in questi casi si può parlare proprio di influenza e non di semplice imitazione. In questi componimenti, quindi, Maramauro prende e rielabora brani un po' più eterogenei delle sue letture alla luce dei diversi argomenti che intende descrivere. In questo modo, le fonti, pur essendo ancora rintracciabili e relativamente facili da individuare, non sono così evidenti o ridotte come nei testi già citati. Allo stesso modo, e in conseguenza di ciò, i sonetti che ne derivano acquistano maggior valore letterario per la loro originalità e persino, in alcuni passaggi, per la loro freschezza tematica, tanto che potremmo indicare la permeabilità culturale che ha dato origine a questi testi come il vero inizio – o almeno il primo germe – di un'embrionale, seppur originale, lirica napoletana di influenza toscana.

Il secondo sonetto di Maramauro costituisce una complessa rete di riferimenti testuali toscani, per lo più pre-petrarcheschi, fatto che ha portato alcuni studiosi, come Sabatini, a sottolineare che si tratta del «primo testo napoletano che abbozza la conoscenza, ovviamente affastellata, anche dell'intera tradizione lirica siculo-toscana, stilnovista, dantesca» (1965: 126). Il sonetto in questione, riprodotto integralmente sul f. 57 v. del codice, è preceduto dal paratesto «Sonecti di miser Guiliermo Maramauro de Napoli»[46], sul f. 57 r., e recita come segue:

> Li Bianchi e li vermigli e gialli fiori,
> i quali produce l'alta primavera,[47]
> l'erbecte nuove, e' prati di rivera,
> le dolci valli di molti colori,
> le verde foglie e li soavi odori
> che generar si pon d'ogni manera,
> porta la donna mia dipinti in cera,

---

[46] Sonetto con terzine di due rime alternate. Edizioni precedenti: De Blasiis (1876: 780), Torraca (1925: 106–107), Sabatini (1965: 126) e Coluccia (1975: 87).

[47] Verso ipermetro, si legga «quai» (Coluccia 1975: 87).

> per contentar li soi vaghi amadori.
> Ella non ride che non spanna manna,
> e'l suon de parol'è sì söave,[48]
> chi sempre par, cantando, udir 'Osanna';
> talor mi par udir che dica 'Ave'.
> Regina di beltà c'ogn'altra ammanna,
> sola di cui Amor porta la chiave.

Come ha già sottolineato Sabatini, il conoscitore della tradizione letteraria italiana associa quasi automaticamente alcune caratteristiche della donna maramauriana al Dolce Stil Novo. Si potrebbe quindi affermare che la descrizione dell'amata come donna angelicata – almeno nell'aspetto esteriore e puramente letterario e tralasciando i complessi principi che regolavano il mondo poetico degli Stilnovisti – è costruita dal nostro autore secondo i parametri del Dolce Stil.

Tuttavia, come abbiamo detto, questi echi non si limitano al significato complessivo della poesia o alle immagini in essa alluse, così come non si limitano allo Stilnovismo. Al contrario, riteniamo che nel substrato poetico del componimento vi sia tutta una serie di testi – soprattutto toscani, ma anche siciliani – che Maramauro potrebbe aver conosciuto per poi rifonderli e ricreare il suo immaginario. Questa ipotesi è basata, ad esempio, sulle somiglianze testuali tra l'incipit di questo sonetto e il «fior', giano e vermiglio» di Guinizzelli (X, 6)[49], il petrarchesco «i fior vermigli e i bianchi» (*Rvf*, XLVI) e questo passo della ballata decameroniana «Io mi son giovinetta, e volentieri»:

---

48 Per compensare l'ipometria di questo verso, Coluccia (1975: 87) sceglie di rendere trisillabico il termine «söave» e di proporre la lettura «de le parol'è». D'altra parte, Torraca (1925: 107) si limita a inserire direttamente nella sua edizione l'articolo «le» senza fare alcun riferimento al fatto che, anche in questo caso, si tratta pur sempre di un verso ipometrico. A nostro avviso, la lettura «de le», come sostiene Coluccia, è più che giustificata dalla frequenza del sintagma «suon de le parole» nella tradizione toscana in generale e – anche se in questo caso non è una fonte così potente come nei sonetti precedenti – nell'opera di Petrarca (*Rvf* LXXIII, 14; CIX, 10). Per quanto riguarda la dieresi di «söave», riteniamo che sia l'unico punto del verso da cui è possibile estrarre la sillaba mancante. Inoltre, la dieresi di questo termine è relativamente frequente in gran parte della lirica romanza in generale e nei *Rvf* in particolare.
49 D'ora in avanti, salvo diversa indicazione, si citerà l'opera di Guinizzelli secondo l'edizione di Edoardo Sanguineti (cfr. Guinizzelli 1986).

> Io vo pe' verdi prati riguardando
> i bianchi fiori e' gialli e i vermigli,
> le rose in su le spini e' bianchi gigli,
> e tutti quanti gli vo somigliando
> al viso di colui che me amando
> ha presa e terrà sempre, come quella
> ch'altro non ha in disio che' suoi piaceri. (*Decameron*, IX concl. 9)

Le analogie con il testo boccaccesco vanno oltre la semplice ricorrenza di termini e della trattazione di un argomento simile perché, come afferma Pisoni, hanno il valore aggiunto che «non solo il triplice cromatismo è incluso in un unico verso come nel sonetto, ma anche qui si confronta la medesima comparazione tra i fiori e il volto dell'amante» (Maramauro 1998: 16).

Allo stesso modo, il sintagma «prati di rivera», come dice Sabatini (1965: 126), è un adattamento del binomio «prato e rivera» che compare con una certa frequenza nella poesia della Scuola poetica siciliana (Giacomino Pugliese, VII, 2; Rinaldo d'Aquino, IX, 3); ma un fatto che questo studioso non menziona è che non si tratta di una costruzione estranea alla tradizione toscana, dato che, ad esempio, in Cavalcanti (I, 3) si legge «per prata e per rivera» e nello stesso autore (III, 7), «rivera d'acqua e prato d'ogni fiore».

È proprio nelle prime due strofe di Maramauro che gli echi di Cavalcanti sono una costante. In particolare, il già citato componimento «Fresca rosa novella» (I) sembra essere stato uno dei serbatoi da cui il napoletano ha attinto le immagini che costruiscono l'esuberante descrizione naturale della prima parte del sonetto, e lo stesso si potrebbe dire di «Avete'n vo' li fior' e la verdura» (II) e di «Biltà di donna e di saccente core» (III), le cui quartine si presentano come passaggi tematicamente paralleli al sonetto in analisi. Un'altra possibile fonte in questo senso, anche se meno evidente di quelle cavalcantiane, potrebbe essere la *Rima* L, 1 di Cino con la sua ricerca «per li prati» di «ogni fior bianco».

Nelle quartine di Maramauro sembra risuonare anche la formula dantesca «porta la donna mia» (*Vita nova*, XXI), dove si nota l'ampio uso stilnovista del sintagma «donna mia» (assente dalla lingua petrarchesca[50]).

---

50 Tra le 88 occasioni in cui il termine «donna» compare nei *Rvf*, solo nove volte appare in una combinazione simile – anche se non identica – a questa, poiché

D'altra parte, l'uso della parola «cera» per indicare il volto dell'amata è un tratto che risale alla scuola siciliana e che continua a trovare riscontri stilnovisti in Dante[51] e in Cavalcanti[52].

L'inizio delle terzine e il cambiamento tematico e tonale che ne consegue comportano una variazione delle fonti testuali, dove la lirica fondamentalmente stilnovista delle quartine cede la sua posizione predominante al *Purgatorio* dell'epopea dantesca. Nelle prime due strofe predominano gli elementi naturali e quindi terreni, che legano la donna al mondo dei mortali, tanto che la descrizione della pienezza della primavera si tinge di sfumature sensuali e trova il suo culmine nel fatto di «contentar» i «vaghi amadori», unico obiettivo della bellezza e della freschezza dell'amata. Al contrario, nelle terzine c'è un drastico cambiamento di prospettiva, poiché i termini che si riferiscono alla donna appartengono al campo semantico biblico o liturgico o, alla luce del contesto in cui compaiono, sono suscettibili di tale interpretazione. Questa caratteristica è già evidente nel v. 9 con il paragone del riso della donna con l'episodio della manna biblica (*Esodo* 16), utilizzato anche nel *Purgatorio* dantesco (XI, 13).

Alla luce di questo spostamento tematico, non sorprende che Maramauro si rivolga alla *Commedia* dantesca per alcune delle sue immagini. Tuttavia, potremmo considerare questo rapporto intertestuale in termini diversi dal resto delle possibili fonti già citate, dal momento che – come è stato detto – il napoletano non solo conosceva l'opera dantesca, ma era anche autore di una meticolosa esegesi di parte di essa. D'altra parte, anche prescindendo da questo fatto, gli echi del poema dantesco non sono così sorprendenti nella letteratura meridionale di questo periodo perché, a differenza della lirica toscana, e come sottolinea Sabatini, la «*Commedia* dantesca [...] ebbe a Napoli una rapida fortuna, nonostante il silenzio che circondò il nome dell'Alighieri alla corte di Roberto» (1965: 94). A riprova di ciò, è sufficiente citare l'esistenza del famoso codice Filippino[53], che risale

---

il sintagma petrarchesco precede il possessivo, dando luogo a «mia donna» in LXI, 10; LXXII, 1; CXIX, 16; CXXIX, 18; CCXXXIII, 10; CCLXI, 4; CCLXX, 107; CCLXXXVII, 12 e CCCXLIX, 14.
51 *Rime* LXIX, 7: «e i' ebbi tanto ardir, ch'in la sua cera».
52 *Rime* I, 23: «Vostra cera gioiosa» e XLVI, 4: «gli occhi pien' d'amor, cera rosata».
53 Biblioteca Oratoriana dei Girolamini, CF 4 20.

alla metà circa del Trecento. Inoltre, già nel terzo decennio del secolo, ci sono notevoli echi del fiorentino in testi come le prediche di Agostino d'Ancona o nell'opera di Fra Ruggero di Sicilia.

Oltre alla menzione della manna biblica, il Padre Nostro all'inizio di *Purg.* XI risuona anche nel v. 11 di Maramauro, in cui la voce della donna è descritta in termini equivalenti al canto celeste degli angeli che servono Dio. Ciononostante, le parole che introducono questo «suon de parol[e...] sì söave» rimandano al già citato sintagma petrarchesco «suon de le parole». D'altra parte, il v. 12 è chiaramente debitore di *Purg.*, X, 40 e il termine «ammanna» (v. 13) (assente in Petrarca e Cavalcanti) è presente in *Purg.*, XXIII, 107 e *Purg.*, XXIX, 49.

I passaggi in cui si riflettono gli echi danteschi sono proprio quelli che contengono le chiavi tematiche delle terzine. Tuttavia, a questa cornice tematica – o a questa struttura profonda poetica, per dirlo con la terminologia della linguistica chomskiana – Maramauro sovrappone elementi lirici ispirati ad altre fonti o tratti da esse. Al di là dei termini petrarcheschi, Cavalcanti si pone ancora una volta come la fonte principale di queste influenze. Così la «Regina di beltà» (v. 13) richiama il cavalcantiano «sì piena di bieltà» (*Rime* II, 6) e la «dea» de «la beltate» (*Rime* IV, 11), e lo stesso si potrebbe dire del v. 14 e del motivo della chiave d'Amore che, a nostro avviso, potrebbe essere una rielaborazione di «Vo', portate la chiave / di ciascuna vertù alta e gentile» (*Rime* XXX, 7–8).

Tutti questi intarsi e le loro diverse fonti rimarrebbero un elemento relativamente aneddotico nella composizione di Maramauro se non fosse che, a livello intratestuale, contribuiscono a dare un senso di continuità alla logica interna del poema, creando un immaginario costante tra le quartine e le terzine e facendo fluire in modo armonico il cambiamento di significato sperimentato dal v. 9 in poi. Da un punto di vista extratestuale, a loro volta, sono di fondamentale importanza perché possono dimostrare la conoscenza delle principali figure della tradizione letteraria toscana al di fuori del «ghetto» fiorentino di Napoli in un momento così precoce come quello che vide la fioritura della produzione poetica di Maramauro.

Il quarto e ultimo dei sonetti di Guglielmo Maramauro raccolti nel codice Gaddiano è particolarmente interessante perché è il più originale e autonomo – per quanto riguarda i debiti extratestuali – nella forma e, soprattutto, nel contenuto. Non a caso Torraca (1925: 108) lo definisce «il sonetto più originale di Guglielmo» nonché quello «più robusto» e, sulla stessa linea, Sabatini (1965: 126) lo descrive come il componimento più indipendente dalla tradizione toscana tra i quattro sonetti dell'autore. Si tratta del seguente «sonecto di misser Guigliermo Maramauro de la Fortuna»[54] (f. 59 v.), raccolto nel f. 60 r.:

> Se qualche tregua o qualche ferma pace
> tractar si può tra me e la Fortuna,
> o pur trovasse mai persona alcuna
> che contro a lei co me fosse seguace
> e non guardasse li soi ben fallace
> mostrandomi la bianca per la bruna,
> tal, per necessità, ancor digiuna,
> che 'n breve avria cosa che li piace.
> Ma, et ò tanto tempo combactuto,
> e dato e tolto, che son quasi stanco:
> e 'l tempo vola e pur la vita fuge.
> Benché da lei già mai non sia venciuto,
> convemme pur posar l'antico fianco:
> e quest'è quel che mi consuma e struge.

Questa enfasi sull'innovazione e sull'originalità rispetto alle fonti petrarchesche va però interpretata in termini relativi, poiché basta una lettura superficiale del sonetto per rendersi conto che esso è strutturato secondo noti luoghi comuni che rimandano all'opera dell'aretino. Lo stesso vale se analizziamo il testo da un punto di vista linguistico, poiché solo la forma verbale «venciuto» e le grafie «soi»[55], «fuge» e «struge» si distinguono per la loro assenza dalla tradizione toscana.

Per quanto riguarda i termini attorno ai quali Maramauro articola il suo sonetto, la maggior parte di essi fa riferimento a Petrarca. È il caso soprattutto di un gran numero di parole in posizione finale del verso, tanto che a volte, nel Canzoniere dell'aretino, viene riprodotto uno schema di rime simile. Così, la combinazione «pace / fallace / piace» compare in *Rvf* XXI e CCXC; «fallace / piace» in *Rvf* XCI; «fortuna / digiuna» in

---

54 Sonetto con terzine di tre rime ripetute. Edizioni precedenti: Torraca (1925: 107), Altamura (1952: 75) e Coluccia (1975: 88-89).

55 A proposito di questo fenomeno, vale la pena ricordare l'affermazione di Formentin (1995: 149) secondo la quale «a Napoli [...] per tutto il Trecento il tipo di rima toscana è molto raro».

Rvf CCCXXXI; «pace / stanco / fianco» in *Rvf* CXXVIII; «pace / fallace / fugge / strugge» in *Rvf* CCLXIV e «fortuna / bruna / strugge» in *Rvf* CCXXXV. Allo stesso modo, il binomio «tregua o [...] pace», sebbene invertito nell'ordine, compare in *Rvf* CL, 1–2; CCLXXXV, 14; CCCXVI, 1; CV, 74 e *TA* III, 152.

Concentrandosi esclusivamente sulle due terzine[56], i riferimenti alle rime dell'opera petrarchesca sono più significativi a causa dello spazio ridotto. Troviamo «stanco / fianco»[57] in *Rvf* XVI, XXIX, LXXV, CCXXVIII, CCCXXIII; *TM* II e la variante «stanchi / fianchi» in *Rvf* XLVI, *TA* I; «fianco / strugge / fugge» in *Rvf* CXXV e, infine, «strugge / fugge» in *Rvf* XXXIX, L, LXXIX, CV, CCII; *TA* II. Quest'ultima ricorrenza, inoltre, non si riferisce solo a una fonte petrarchesca, ma si trova anche nella rima dantesca CV e nella XIII di dubbia attribuzione[58]; d'altronde, nel primo dei casi citati, compare in combinazione con il termine «pace».

Accostamenti tipicamente petrarcheschi sono anche «antiquo fianco», in *Rvf* XVI, 5; «consuma et strugge», in *Rvf* LXXII, 39 o «or chiara or bruna», in *Rvf* CII, 11 e Dante, *Par.* XV, 51 «mai bianco né bruno» e *Par.*

---

56 Le rime di Boccaccio non erano molto diffuse a Napoli all'epoca di Maramauro. Tuttavia, sebbene questa sia – in un certo senso e per la logica interna sulla quale si basa la forma strofica del sonetto – una caratteristica che non attira molto l'attenzione, vale la pena di notare la frequenza con cui il certaldese inizia la sestina dei suoi sonetti con una congiunzione «ma», parallelamente al procedimento seguito dal napoletano in questa composizione. Così, questo fenomeno può essere osservato in ventuno occasioni, in particolare, e citando l'edizione di Vittore Branca (vid. Boccaccio 1958), in XXIV, XXVII, XXXV, XXXIX, XL, XLVII, LVI, LXIV, LXVI, LXXX, LXXXVIII, LXXXIX, XCVI, C, CV, CVII e CXVII nella prima parte delle rime, e in 4, 13, 26 e 28 nella seconda parte (si noti che Branca utilizza la numerazione romana per la prima metà dell'opera e quella araba per la seconda). Oltre ai casi presentati finora, il toscano procede in modo analogo in altri componimenti in cui la rottura tematica tra fronte e sirma, pur stabilita in termini avversativi, non coincide con l'inizio della sestina. Questo fatto spiega il «ma» in XLII, 5; LIV, 5, LXXXI, 5 o, già nella seconda parte, in 16, 5, dove si ripete la situazione di CXXIII, 12.

57 Questa combinazione è così profondamente radicata nelle rime petrarchesche che, delle dieci occasioni in cui il termine «fianco» e le sue varianti compaiono in posizione di rima nei *Rvf* e nei *Trionfi*, solo una risulta independente dalla voce «stanco», in *Rvf* CXXV, 57.

58 Citiamo da Dante 1960².

XXII, 93 «del bianco fatto bruno» (= «la bianca per la bruna»). Un'altra eco del *Paradiso* dantesco si trova al v. 7 «tal [...] ancor digiuna», parallelo a *Par.* XXVII, 130, «Tale [...] ancor digiuna».

D'altra parte, il v. 11 allude al *topos* del *tempus fugit*, inaugurato da Virgilio nel libro III delle *Georgiche*, anche se i termini in cui Maramauro rielabora questo luogo comune della letteratura di tutti i tempi sembrano dovuti al filtro petrarchesco. Così, nell'opera di Petrarca, questo motivo è presente in *Rvf* XXX, 13; CXXVIII, 97; CCCXXIII, 55; CCCLXI, 9; CCCLXVI, 132; *TT* 76, 86 e in *TE* 8. Come se non bastasse, tra tutti questi passaggi, leggiamo in *Rvf* CXXVIII, 97–99 che il toscano si esprime nei seguenti termini, paralleli a quelli di Maramauro: «Signor', mirate come'l tempo vola, / sì come la vita / fugge, et la morte n'è sovra le spalle».

Allo stesso modo, il termine «stanco» è cruciale per il lessico petrarchesco; non a caso, compare in 58 occasioni in tutta l'opera volgare dell'aretino[59]. Tuttavia, al di là di questo parallelismo, Maramauro rielabora il lemma inserendolo in un contesto inedito costruito dall'anteposizione dell'avverbio «quasi». Delle quasi sessanta occorrenze già citate nel lessico petrarchesco, non ce n'è una sola in cui «stanco» si combini con «quasi» o con una struttura di significato simile; anzi, ogni volta che il termine è preceduto da un avverbio, si tratta sempre del temporale «già», che contrasta con il senso maramauriano. Anche quando troviamo «presso che stanco», in *TF* II, 25, il significato è diverso, perché la stanchezza a cui Petrarca fa riferimento è da interpretare come una saturazione della propria percezione, essendo in presenza di una realtà estremamente piacevole: quella della sfilata dei grandi uomini dell'Antichità; infatti, il verso citato mostra la svolta tra la visione degli uomini e l'arrivo delle donne esemplari di questa parte dei *Trionfi*.

Le particolarità dell'uso della voce «stanco» possono essere estrapolate al giudizio generale di quest'ultimo sonetto. Così, allo stesso modo in cui il termine di ispirazione petrarchesca viene rielaborato dall'autore napoletano, che gli conferisce un nuovo significato, soprattutto in relazione alla globalità in cui è inserito, i molteplici elementi petrarcheschi che convergono in questo componimento vengono trasformati da Maramauro e reinseriti in una nuova

---

59 Tra questi spicca l'«omai son stanco» di *Rvf* CCCLXIV, 5.

entità poetica. Questo crea un nuovo significato, totalmente inedito fino al nostro autore.

Una menzione particolare meritano i sonetti attribuiti a Maramauro sulla cui paternità la critica, per varie ragioni, non è riuscita a trovare un accordo. Sono testimonianze liriche giunte a noi in contesti testuali in cui la presenza di Guglielmo è limitata ai soli componimenti di cui qui parleremo.

Il primo di questi sonetti è quello che inizia con il verso «O spirito gentile, o vero Dante»[60], che si trova nel f. 334 r. del codice Chigi L IV 131 della Biblioteca Apostolica Vaticana e anche nella Biblioteca Classense di Ravenna, ms. 7, f. 112 r.:

> O spirito gentile, o vero Dante,[61]
> a noi mortali il fructo di la vita,
> dandolo a ·tte l'alta bontà infinita
> sí come a congruo et degno mediante[62].
> O verissimo in carne contemplante
> di quella gloria da dove sortita
> è l'anima tua sancta, oggi partita[63]
> dalla miseria della turba errante;
> a ·tte, il quale io credo fermamente[64]

---

60 Sonetto con strambotto con quartine a rime incrociate e terzine di tre rime irregolarmente distribuite più la coda. Come particolarità metrica, va notato che l'ultimo verso delle quartine, che rima con l'eptasillabo della coda, è ottonario e non endecasillabo, come ci si aspetterebbe in questo contesto. Il risultato è lo schema metrico ABBA ABBA CDCDEEeFF. Il sonetto è stato precedentemente edito da Pisoni e Bellomo (in Maramauro 1998: 514).

61 Per risolvere l'ipermetria di questo verso si potrebbe optare per due soluzioni: eliminare la pausa a metà verso e fare una sinalefe tra «gentile^o» oppure, come già fatto nei sonetti precedenti, leggere «spirto» al posto di «spirito». A nostro avviso, e in assenza di edizioni precedenti che trattino la metrica di questo componimento, è più valida la seconda alternativa. D'altra parte, l'iniziale maiuscola di «Dante» è nostra.

62 Per mantenere l'endecasillabo, si legga «congruo ᵛa», nonostante il fatto che – come afferma Beltrami (2009: 174) – nella poesia italiana la dialefe si presenti molto raramente tra due vocali atone.

63 La punteggiatura che si rende necessaria in questo verso aggiunge una sillaba all'endecasillabo, inserendo una pausa tra «sancta» e «oggi» che impedisce la sinalefe. Per risolvere questa anomalia, nonostante quanto detto, si legga «sancta^oggi».

64 Verso ipermetro, si consiglia di leggere «a ·tte^il», modificando ancora la punteggiatura. Abbiamo optato per questa soluzione perché, nel contesto della

> rispecto alla tua fede et gran virtute
> esser a piè dell'alto Omnipotente,
> mi raccomando, et per la mia salute[65]
> priego che prieghi l'alta Maëstate[66],
> ch'è uno in tre et tre in unitate,
> della cui eternitate
> et del cui regno sí bene scrivesti
> quanto dimostran tuoi sacrati testi.

La paternità di questo testo è stata piuttosto problematica[67] per il fatto che, sebbene il ms. della Biblioteca Vaticana (che Pisoni e Bellomo non citano) non faccia menzione della paternità del sonetto, nel codice Classense si legge che è opera di Guglielmo Maramauro. Sulla base di quest'ultimo, alcuni autori, come i già citati Pisoni e Bellomo (in Maramauro 1998), hanno scelto di confermare la paternità del napoletano, mentre altri, come Coluccia (1983: 186–189), hanno preferito di non farlo.

Coluccia sostiene che non è possibile riconoscere questo componimento come scritto da Maramauro perché manca qualsiasi caratteristica linguistica che faccia pensare a un testo meridionale, anche se questo studioso sembra trascurare la reduplicazione della consonante iniziale del pronome personale quando è preceduto da una preposizione («a ·tte» v. 3 e 9), così frequente in alcuni testi meridionali in prosa dello stesso periodo[68]. A parte questo, la ragione più importante sostenuta da Coluccia è che il testo sembra essere stato composto poco dopo la morte di Dante («*oggi* partita» v. 7), per cui la datazione sarebbe troppo precoce perché Maramauro o

---

    prosodia italiana, ci sembra più naturale rispetto alla collocazione di una sinalefe in «quale^io», che darebbe luogo a una combinazione di tre vocali: atona + tonica + atona che sarebbe di difficile lettura in un unico tempo sillabico.

65 Per mantenere l'endecasillabo, si consiglia la lettura «raccomandando^et».

66 Verso ipometro. Per risolvere questo problema, abbiamo scelto di introdurre la dieresi in «Maëstate». A tal fine, ricordiamo la teoria di D'Ovidio (1932: I, 9–61), secondo la quale il principio fondamentale della dieresi consiste nella sua identificazione come una sorta di latinismo, considerando che in una lingua romanza un segmento di due vocali deve essere diviso in due segmenti qualora che in latino avesse un valore di due sillabe.

67 Per maggiori informazioni sulla problematica di questo testo e sulle sue attribuzioni, rimandiamo a Bellomo (1999).

68 Ad esempio, nei volgarizzamenti delle opere latine. Basti consultare, in questo senso, titoli come i *Bagni di Pozzuoli*.

qualsiasi altro napoletano potesse essere responsabile dell'opera, data la scarsa conoscenza che Dante aveva tra i suoi contemporanei meridionali[69].

Al contrario, Pisoni e Bellomo ritengono attendibile la paternità del codice Classense poiché «le fonti che esibisce il sonetto [...] (Dante, Petrarca, Boccaccio) dimostrano inoppugnabilmente una cronologia posteriore al 1374» (Maramauro 1998: 21). Tuttavia, nonostante queste parole, non siamo riusciti a trovare tra questi versi alcun riferimento petrarchesco o boccaccesco (è ovvio che l'impronta dantesca è parte fondamentale del poema) che avvalori l'ipotesi di questi autori.

A nostro avviso, questo sonetto non appartiene a Maramauro, ma potrebbe risalire a un periodo di qualche decennio precedente a quello in cui il nostro poeta si trovava attivo, oppure potrebbe essere dovuto a un autore che non aveva la conoscenza della lirica toscana che Maramauro possedeva. In ogni caso, la paternità riflessa nel codice Classense potrebbe essere dovuta proprio alla fama di dantista che l'autore acquisì, motivo per cui il copista di questo manoscritto, risalente al XIV secolo (o un'altra mano più o meno contemporanea), vedendo l'argomento del testo, potrebbe aver ipotizzato che si trattasse di un'opera di Guglielmo, aggiungendo così il paratesto che è giunto fino a noi.

L'ultimo dei sonetti attribuiti a Maramauro, a cui faremo brevemente riferimento, presenta alcuni parallelismi con quello appena visto. È il componimento che inizia con il verso «Vostro sì pio officio offerto a Dante»[70], preceduto dal paratesto «Sonetus de laude dicti domini Bernardi»[71], che si trova nel f. 193 r. del ms. Canoniciano ital. 97 della Bodleian Library di Oxford[72]:

> Vostro sì pio officio offerto a Dante
> tanto aspettato già, messer Bernardo,
> tanto più char gli fia, quanto più tardo

---

69 Abbiamo già detto che i primi echi danteschi nel Mezzogiorno si avvertono solo in testi di carattere religioso, come le prediche, e a partire dal terzo decennio del Trecento.
70 Per un'analisi più approfondita, soprattutto per quanto riguarda il possibile contesto di composizione del sonetto, rimandiamo a Bellomo (1999: 20–24, 32–33).
71 Soneto ritornellato, con rima abbracciata nelle quartine, terzine a due rime e ritornello in forma di distico, che dà origine allo schema ABBAABBACDDDCCEE. Edizioni precedenti: Marchi (1984: 424–425) e Bellomo (1999: 21–22).
72 Per maggiori informazioni sul codice si veda Roddewig (1984).

> gli è stato ogni altro amico al simigliante:
> sì ch'el ven loda in ciel tra l'alme sante,
> e io ven lodo in terra, ma me guardo
> di nominarmi in questo focho ov'ardo,
> che servir non ven posso chome fante.
> Ciò ch'io non posso, minimo dantista,
> in darvi degne lode, grazie e honore,
> lascio al dovere d'ogni altro mio maggiore.[73]
> Voi fate che'l suo nome ormai non more
> se pria non mor l'età del ferro trista,
> scritto nel marmo vostro ad ogni vista.
> L'onor che date al cenere e all'osse[74]
> vostro amor mostra quanto al vivo fosse.

Questo sonetto è indirizzato a Bernardo Scannabecchi, responsabile di alcuni lavori di restauro nella tomba di Dante a Ravenna, terminati intorno al 1374, e che peraltro viene descritto da Maramauro nel prologo al suo commento all'*Inferno* come un esperto dantista[75]. Forse a causa di questa menzione, Bellomo (1999: 32–33), grande conoscitore di Maramauro, soprattutto come esegeta dantesco, ha visto in questo testo una possibile paternità di Guglielmo[76]. Tuttavia, le prove di ciò sono ancora più incerte di quelle riguardanti il sonetto precedente, tanto che lo stesso Bellomo (1999: 33) è scettico su alcuni dati, come il fatto che Scannabecchi, nella sua risposta a questo componimento[77], incoraggi l'autore ad essere forte di

---

73 Verso ipermetro, si legga «dover», con apocope letteraria.
74 Verso ipometro rimediabile solo con eliminazione dell'apocope per leggere «onore».
75 Nel prologo di quest'opera, Maramauro afferma che, per il suo commento, si avvarrà dell'aiuto di studiosi che lo hanno preceduto e li cita nei seguenti termini: «E tanto con l'aiuto de questi expositori, quanto con l'aiuto de miser Zoan Bocacio, e de miser Francesco Petrarca, e del pivan Forese e de miser Bernardo Scanabechi, io me mossi a volere prendere questa dura impresa» (Prologo, 13, in Maramauro 1998: 82).
76 Prima che la teoria di Bellomo vedesse la luce, solo Ricci ([1891] 1965: 285–387) aveva fatto riferimento a questo sonetto, attribuendolo a Menghino Mezzani, fatto su cui Zingarelli (1931: 1352–53) mostrò il suo disaccordo, pur senza proporre alcuna paternità.
77 Oltre ad essere stato pubblicato da Bellomo (1999: 22), questo sonetto di risposta, che inizia «Quando 'l turbato volto al bel Palante», è trascritto dopo «Vostro sì pio officio offerto a Dante» nel ms. sopra citato. Canoniciano ital. 97 della Bodleian Library, Oxford.

fronte alle avversità in termini che sembrano indicare che il destinatario della missiva fosse affetto da una malattia che lo aveva portato in punto di morte, il che contrasta con il fatto che Maramauro visse tra i quattro e i nove anni oltre la data del componimento di Scannabecchi.

A nostro avviso, un'altra divergenza che può essere sostenuta contro la paternità del napoletano è di natura metrica. A questo proposito, va detto che la strofa utilizzata per questo componimento è piuttosto atipica per un autore come Maramauro, che, in un periodo precedente alla datazione di questo sonetto, era stato un fedele seguace della tradizione toscana in generale e di quella petrarchesca in particolare. Così, il sonetto ritornellato – come del resto il sonetto con strambotto del componimento precedente – è una forma estranea all'uso petrarchesco e, d'altra parte – sebbene qualcosa di identico si sia verificato con le terzine a rima CDCDEE di «O spirito gentile, o vero Dante» –, lo schema CDDDCC per la sestina del sonetto, oltre ad essere estraneo ai *Rvf*, è particolarmente infrequente nella tradizione dei sonetti per la rarità del ritmo che comporta.

In ogni caso, se l'ipotesi di Bellomo si rivelasse valida – e dato che il contenuto del sonetto chiarisce che si tratta di un componimento scritto dopo il restauro del sepolcro dantesco, che, come si è detto, risale al 1374 – saremmo di fronte al più recente dei sonetti maramauriani giunti fino a noi.

Scoperte molto più recentemente dei sonetti, le due canzoni di Maramauro (vedi Appendice II) sono state finora pubblicate solo nell'articolo in cui si dava notizia della loro scoperta (Coluccia 1983). Dato che Rosario Coluccia, il responsabile di questo ritrovamento, nello studio già citato, fornisce una descrizione dettagliata della forma, del contenuto e delle fonti di questi due componimenti, non ci dilungheremo qui più di quanto sia strettamente necessario per collocare queste due opere nelle coordinate contestuali che riguardano l'argomento di cui ci stiamo occupando. D'altra parte, è proprio questa motivazione tematica a giustificare questa breve trattazione perché, sebbene l'impronta petrarchesca sia facilmente individuabile nelle canzoni, non è così profonda come nei sonetti e, inoltre, è relegata in secondo piano.

La prima delle canzoni (vedi Appendice II) occupa i ff. 30 v. – 31 r. (colonne 119–122) del codice Pa. 109 della Biblioteca Palatina di Parma, un manoscritto a una mano del Quattrocento, che comprende rime di vari autori toscani e settentrionali, tra cui una «cançona morale»[78] di Guglielmo Maramauro. In questo componimento, Maramauro presenta tre donne – identificate con le tre virtù teologali – che lamentano le condizioni in cui sono state ridotte a causa della corruzione del mondo. Come conclusione, la penultima strofa (vv. 79–91) lancia dure critiche alla corruzione della Chiesa (rappresentata da «il papa e' cardinali», v. 80) e dell'Impero («Cesare Romano imperadore», v. 86), entrambi responsabili del «gran dolore» dell'Italia (v. 87). Così, nell'ultima strofa (vv. 92–104) si raggiunge il culmine del componimento, con l'invocazione alla canzone stessa affinché arrivi a tutti i territori in cui gli Angiò hanno alleati e li convinca perché, insieme, lottino per rimediare a queste ingiustizie.

La grande novità di questa canzone rispetto all'intera opera di Maramauro è la coltivazione, per la prima volta, – almeno stando ai documenti giunti fino a noi – del filone politico-morale, così frequente tra gli autori trecenteschi. Naturalmente, proprio per le esigenze di questo argomento, la lirica petrarchesca (o almeno quella che Maramauro ha mostrato di conoscere nei suoi sonetti) non poteva essere di grande utilità, tanto che la traccia più notevole appare proprio all'inizio della canzone, dato che i vv. 1–2 («Una donna legiadra, honesta e pia, / lucente in vista quasi come 'l sole») richiamano sia *Rvf* CXIX, 1–2 («Una donna più bella assai che 'l sole, / et più lucente, et d'altrettanta etade»)[79] che *Rvf* CCXLVII, 4 («santa, saggia, leggiadra, onesta et bella»)[80].

La seconda canzone (vedi Appendice II), «Per ch'io no m'abia sì de rime armato»[81], presenta una storia codicologica più complessa. Così, è

---

78 Canzoni di 104 versi organizzati in 8 stanze di 13 versi ciascuna secondo lo schema ABbCBAaCcDdEE.
79 Sebbene l'eco petrarchesca sia evidente nella canzone maramauriana, occorre tenere presente la ricorrenza con cui il lessico della luce compare nei componimenti amatoriali della tradizione occidentale fin dai tempi degli occitani. Per approfondire le radici di questo *topos*, rimandiamo a Domínguez Fierro (1997: 148–152) che, oltre a esporre i casi più significativi della comparsa di questo fenomeno nella Scuola poetica siciliana, traccia un'interessante storia estetica del tema, che parte già da Tommaso d'Aquino.
80 Per questi e altri dettagli rimandiamo a Coluccia (1983: 167–69).
81 Canzone di 96 versi distribuiti in 7 stanze di 13 versi ciascuna più congedo secondo lo schema metrico ABCABCCDEeDFF.

tramandata da tre manoscritti: il codice Ambros. E 56 sup., dell'inizio del XV secolo, ff. 67 r.-68 r., dove appare come anonima; il codice 1739 della Biblioteca Universitaria di Bologna, dell'ultimo quarto del Quattrocento, ff. 127 v.- 129 v., secondo cui la «cantilena moralis contra Amorem» è opera di Guglielmo Maramauro; e il codice 1154 della Biblioteca Riccardiana di Firenze, della fine del XV secolo, ff. 106 v.-108 r., in cui la canzone è attribuita al bolognese Pellegrino Zambeccari (Coluccia 1983: 172–173), anche se gli abbondanti meridionalismi presenti nel testo giustificherebbero il rifiuto di quest'ultima attribuzione[82].

Dal punto di vista tematico, si tratta di un'invettiva contro il dio Amore, che viene rimproverato per le sofferenze causate a numerosi personaggi della tradizione biblica e mitologica, oltre che della storia antica. Ancora una volta, ci troviamo di fronte a un argomento che non consente un'ampia estrapolazione della maggior parte dei luoghi comuni della lirica petrarchesca, in quanto privilegia l'adozione di fonti bibliche e classiche (soprattutto Ovidio) e, ancora una volta, della *Commedia* di Dante, che potrebbe essere uno dei principali filtri attraverso cui la tradizione classica penetra nella canzone maramauriana.

Dopo aver analizzato l'insieme delle opere di Maramauro, dobbiamo ora concentrarci sul periodo della produzione poetica dell'autore, a proposito del quale va notato che la datazione dei sonetti non ha dato luogo a significative divergenze tra i critici fino a tempi relativamente recenti. Quindi, se ci atteniamo ai quattro componimenti del codice Gadd. Reliq. 198, che, ricordiamo, costituiscono l'unico corpus di sonetti di provata paternità, si è tradizionalmente accettato che il periodo compositivo di Guglielmo si estenda tra gli anni 1350 e 1360, con quest'ultimo anno come *terminus ante quem* (Sabatini 1965: 128). Allo stesso tempo, è stato sottolineato che il sonetto conservato al secondo posto nel suddetto codice dovrebbe essere il più antico di tutti per le sue già indicate risonanze pre-petrarchesche (Coluccia 1975: 53–54).

Tuttavia, negli ultimi anni è emersa una nuova posizione, a nostro avviso molto più argomentata sia in termini testuali che extratestuali. È quella difesa da Pisoni e soprattutto – dopo la morte di quest'ultimo – da

---

[82] Per maggiori dettagli su quest'ultimo fenomeno, si veda Coluccia (1983: 177–80).

Saverio Bellomo (come esempio, si veda Maramauro 1998: 17). Secondo questa corrente, non c'è motivo per supporre che il sonetto II, «Li bianchi e li vermigli e gialli fiori» sia cronologicamente anteriore agli altri, ma piuttosto che risalgano tutti allo stesso periodo. Questo atteggiamento è sostenuto, da un lato, dall'eco già segnalata nel passo della ballata del *Decameron*[83], che impedisce una datazione del componimento anteriore al 1359[84], mentre, dall'altro lato, e per quanto riguarda gli altri tre componimenti – sebbene alcuni degli echi petrarcheschi alludano a poesie che potrebbero essere datate tra il 1343–1347[85] – va notato che i *Rvf* ebbero una diffusione molto limitata prima del 1358.

Infine, e in questa occasione in contrasto con l'opinione espressa da Pisoni e Bellomo (Maramauro 1998: 15)[86], dal nostro punto di vista e per quanto riguarda lo stile, prescindendo dalle fonti a cui i sonetti attingono, non si può osservare alcuna progressione tra i quattro testi considerati. Al contrario, riteniamo che siano notevolmente omogenei dal punto di vista formale, tanto che è abbastanza probabile che risalgano a un unico periodo compositivo che, come abbiamo affermato – in contrasto con Sabatini e Coluccia – non riteniamo anteriore all'inizio del settimo decennio del XIV secolo.

---

83 Si veda sopra l'analisi di questo componimento.
84 È questa la data in cui la raccolta boccaccesca di novelle divenne nota a Napoli grazie alla copia posseduta da Francesco Buondelmonti (Maramauro 1998: 17).
85 Rimandiamo al classico di McKenzie (1912) per maggiori informazioni sulla datazione dei poemi petrarcheschi a cui abbiamo accennato come fonti maramauriane.
86 In questa pagina Pisoni e Bellomo sembrano contraddire l'opinione che esprimeranno due pagine dopo.

4. Bartolomeo di Capua, conte di Altavilla

Bartolomeo di Capua può dirsi, all'incirca, contemporaneo di Guglielmo Maramauro in quanto nato intorno al 1320/25; è possibile essere certi di questa data se si tiene conto dei dati biografici che conosciamo sulla sua seconda moglie, Andreina Acciaiuoli[87], che sposò nel 1353 dopo che entrambi erano rimasti vedovi. Bartolomeo di Capua fu un membro della più alta – anche se non della più antica – nobiltà napoletana del suo tempo.

L'identificazione di questo autore ha fatto nascere diversi problemi tra i primi critici che si sono occupati della sua produzione. Questo perché, nel codice Gadd. Reliq. 198, in cui sono presenti dodici sonetti direttamente attribuiti a lui, egli è chiamato semplicemente «Conte d'Altavilla», fatto che portò studiosi come Torraca ad attribuire i componimenti a Luigi, figlio primogenito di Bartolomeo (Torraca 1925: 108–111) e, in alcune occasioni, anche a studiare questi sonetti in virtù dei dati biografici conosciuti sul figlio, e non invece sul padre (Torraca 1925: 111–119).

L'accertamento definitivo della paternità di questi componimenti fu risolto solo più tardi, a seguito della scoperta di una lettera di Andreina Acciaiuoli al fratello Donato di Jacopo, residente a Firenze[88], contenuta nel codice Ashburhamiano-Laurenziano 1830 della Biblioteca Laurenziana di Firenze e pubblicata da Santini (1886)[89]. In questa lettera la donna

---

87 La seconda moglie del conte di Altavilla apparteneva a un'influente dinastia dell'epoca molto impegnata nella cultura toscana. A titolo di esempio, basti citare il fatto che Giovanni Boccaccio dedicò il suo *De mulieribus claris* proprio ad Andreina.
88 Santini (1886: 122) afferma che Donato di Jacopo era il fratello degli Acciaiuoli; non a caso, nella lettera in questione si legge che Andreina si rivolge al suo interlocutore usando l'appellativo «frater». Tuttavia, Sabatini (1965: 127) si riferisce a di Jacopo come nipote della contessa e, per concludere, Coluccia (1975: 127) si tiene fuori dalla polemica chiamando Donato semplicemente «parente» della donna. Dopo aver esaminato in dettaglio la lettera e studiato l'albero genealogico degli Acciaiuoli, optiamo per la soluzione proposta da Santini.
89 Va notato che, sebbene in questo studio si citi la ristampa del testo in *Aneddoti di storia letteraria napoletana*, apparsa nel 1925, il saggio di Torraca «Lirici napoletani del secolo XIV» risale al 1884, quando apparve come capitolo

conclude le trattative per le nozze della figlia Franceschella con Antonio degli Alberti rifiutando il matrimonio. La lettera si chiudeva però con un poscritto di natura tematica del tutto diversa, in cui Andreina informava il fratello che, insieme alla lettera, gli avrebbe mandato una serie di rime composte dal marito in gioventù da correggere secondo l'uso linguistico toscano, aggiungendo «quas credimus fore male scriptas, nam scriptores harum partium in lingua nostra non bene scribunt»[90].

Oltre ad essere responsabile dell'identificazione del «Conte d'Altavilla» citato nel codice Gadd. Reliq. 198, questa epistola ci informa di un altro fatto interessante: la «risciacquatura in Arno» dei sonetti di Bartolomeo di Capua. Questo tipo di fenomeno deve essere sempre tenuto in

---

(riprodotto nel 1925 senza modifiche) in *Studi di storia letteraria napoletana*. Questa datazione chiarisce perché Torraca, che fu anche assiduo collaboratore e membro del comitato scientifico della *Rivista critica della letteratura italiana*, dove apparve lo studio di Santini, ignori l'esistenza della lettera della seconda contessa di Altavilla, commettendo così un errore di attribuzione.

90 Sembra opportuno riprodurre qui la conclusione completa, soprattutto per l'interesse filologico del giudizio della dotta fiorentina – la cui «verborum eleganti[a]» è lodata da Boccaccio (1970: 18) – nei confronti della letteratura scritta nella sua lingua madre che trovò a Napoli:

«Micto vobis per dictum Martellinum aliquas rimas senectorum, quas furtive recollegi, de hiis que dominus vir noster disperse in iuventute faciebat, eodem nostro viro inscio, ob quod correpte non sunt, ut eas vos corrigatis: quas credimus fore male scriptas, nam scriptores harum partium in lingua nostra non bene scribunt. Valete, et si qua pro nobis fieri possunt hic rescribatis. Placeat nostri parte comunes fratres et consanguineos quos salutandos videbitos (sic), salutare. Scripta Murroni, die XXVIIJ° Aprelis XJ[e] Indictionis.

Egregio viro domino Donato de Aczarolis de Florentia carissimo fratri suo, Comitissa Altaville».

[«Vi mando, con il suddetto Marcellino, alcune vecchie rime, di quelle che il nostro signore componeva sparse in gioventù. Le ho raccolte di nascosto, senza che il nostro signore ne fosse a conoscenza, per cui non sono state corrette, affinché voi possiate correggerle, poiché riteniamo che siano state scritte male, dato che gli scrittori di queste parti non scrivono bene nella nostra lingua. Vi saluto e, se è possibile fare qualcosa da parte nostra (= se posso esservi di aiuto), vi prego di rispondermi. Vi preghiamo di inviare i nostri saluti a tutti i nostri parenti che debbano essere salutati. Scritto a Murroni, il 28 aprile dell'anno 11. (Sul retro) Illustre Signor Donato Acciaiuoli di Firenze, suo carissimo fratello, Contessa di Altavilla». La traduzione è nostra].

considerazione quando si affronta l'analisi del testo, soprattutto nei casi – come qui avviene – in cui i componimenti sono giunti a noi attraverso un'unica testimonianza, per di più di origine settentrionale. Questa doppia manipolazione (la prima da parte del correttore, volontaria, e la seconda da parte del copista, in linea di principio, involontaria) può essere la ragione di fondo, come vedremo, di alcuni nuovi elementi che variano la struttura originale del sonetto così come fu concepita dall'autore.

L'opera poetica del conte di Altavilla è matura, frutto dello studio o almeno della conoscenza dell'opera di Petrarca e, in generale, anche se in misura minore, della poesia toscana del tempo. Tuttavia, Bartolomeo di Capua non si limita – come succede nella maggior parte dei sonetti di Maramauro – a imitare gli autori che conosce, ma i suoi componimenti nascono invece da un'ispirazione che, pur potendosi definire schiettamente personale, è, com'è prevedibile, contagiata dal proprio gusto lirico. Cionononostante, non è sempre possibile, o almeno non è sempre facile – come nel caso del poeta precedente – determinare quali letture specifiche siano state alla base di ciascuno dei dodici sonetti che conosciamo. In questo senso, concordiamo con l'opinione di Torraca (1925: 111), poiché riteniamo che le reminiscenze toscane presenti nell'opera di Bartolomeo siano dovute, più che a una semplice imitazione, all'effettiva esistenza di «affinità elettive», per usare il termine goethiano, tra i lirici toscani e il nostro poeta napoletano.

Proprio per questa fusione di elementi in quella che potremmo definire la «struttura profonda» della composizione, rispetto all'opera del conte di Altavilla Sabatini afferma che si tratta di una figura «meno complessa, indubbiamente» (1965: 127) di Guglielmo Maramauro. Tuttavia, non condividiamo appieno il punto di vista di questo critico, poiché, nella misura in cui non si tratta di semplici copie o di poesie-mosaico in cui vengono inseriti versi o motivi di componimenti precedenti per crearne di nuovi, è evidente che il *modus scribendi* di questo autore superi di gran lunga quello del precedente. A nostro avviso, infatti, forse solo le canzoni o il sonetto IV del Maramauro possono ritenersi alla pari dell'opera altavillana, in quanto gli elementi lirici che precedono tutti questi componimenti sono tra di loro fusi dai rispettivi autori per creare la solida struttura interna che tiene insieme la composizione. Questa cornice si completa, quasi fosse la struttura di un edificio, da altri elementi, più o meno originali, che sono i primi ad essere colti dal lettore e che conferiscono, se non un carattere schiettamente innovativo, almeno una chiara freschezza tematica a ciascuna delle poesie.

Come per Maramauro, la fonte fondamentale del conte di Altavilla è il Petrarca lirico dei *Rvf*. Come vedremo, l'impronta dell'aretino si avverte nelle tematiche di alcuni sonetti, così come in alcune espressioni oltre nell'ingente quantità di parole e sintagmi. Tuttavia, questa non era l'unica fonte del nobile partenopeo, e la sua conoscenza della letteratura toscana era più che ampia, dato il contesto geografico e cronologico in cui viveva. Così, tra le influenze eterogenee possiamo vedere Dante (soprattutto quello della *Commedia*), i poeti siculo-toscani e gli Stilnovisti. Questo eclettismo di fonti dimostra, secondo Sabatini, che «i ben noti canzonieri circolanti dalla fine del Duecento in Italia furono conosciuti, intorno alla metà del Trecento, anche dai napoletani» (1965: 128). Inoltre, non dobbiamo dimenticare che Bartolomeo di Capua non era un intellettuale qualsivoglia nella Napoli del Trecento, tutt'altro, infatti le sue vicende personali – tra le quali il rapporto con gli Acciaiuoli gioca un ruolo primordiale – possono avergli consentito l'accesso ai circoli toscani più elitari dell'epoca.

Concentrandoci però sull'opera del conte di Altavilla, come abbiamo già accennato precedentemente, il codice Gaddiano Reliqui 198 contiene dodici sonetti dell'autore, presenti tra i ff. 62 v. e 66 r. La sezione del manoscritto dedicata al nostro poeta si apre con l'intestazione «Sonecti d'amore facti per lo Conte de Altavilla dello reame de Pullia», subito seguita dal primo dei suoi componimenti[91].

Questo primo sonetto, il cui verso iniziale recita «Quando tra l'altro Amor discende e vene»[92], si trova al f. 62 v. del codice:

> Quando tra l'altre Amor discende e vene
> dagli occhi armato oltra misura belli,
> l'un guata l'altro e vanno a mirar quelli
> quella ch'Amor ne le sue braccia tene.

---

91 Gli altri undici sonetti sono preceduti dal paratesto «Conte d'Altavilla».
92 Sonetto con quartine a rima baciata (ancora una volta e come tutte quelle di Maramauro e Altavilla) e terzine a tre rime, le prime due invertite e la terza replicata, dando luogo, quindi, allo schema ABBA ABBA CDEDCE. Edizioni precedenti: Torraca (1925: 111–112) e Coluccia (1975: 89).

> Bëat'è 'l cor mio lasso, quando avene[93]
> che pense al tempo che mi fur fratelli,
> c'omai per crudeltà mi son ribelli,
> spregiando 'l mondo e quel che mi sostene.
> Onde io piangendo vo chiamando Morte[94]
> e 'l cor mio lasso con dolor s'arresta,
> biasmando Amore dispietato e lei.[95]
> Oymè, perché de l'amorosa testa
> non scende un acto almen, sì che conforte
> gli sventurati e longi servir mei?

Basta una lettura superficiale di questo sonetto per rendersi conto che Petrarca è la fonte principale dell'autore. Gli echi dell'aretino, come ha sottolineato Coluccia (1975: 89–90), sono presenti sin dall'inizio del componimento, il cui primo verso sembra rispecchiare *Rvf* XIII, 1–2, così come il quarto ricorda *Rvf* CLXXI. Tuttavia, l'impronta petrarchesca è evidente anche in altri elementi, come il sintagma «oltra misura», apparentemente vago e generico, ma presente nella tradizione petrarchesca, come in *Rvf* LIII, 80 o XC, 3 dove, come nel caso di Bartolomeo di Capua, fa riferimento agli occhi della donna, il cui «vago lume oltra misura ardea». Tuttavia, forse la fonte petrarchesca più fedele per questo passo altavillano è *Rvf* CLIV, 7: «gli occhi bei fòr di misura». Allo stesso modo, il «cor mio lasso», oltre ad essere limitato – come dice Coluccia (1975: 90) afferma – a *Rvf* CLXXVIII, 5 e CCLX, 4, è un elemento ricorrente sia nell'insieme dei *Rvf* che nei *Trionfi*, come attesta la sua presenza in CIX, 14; CXCIV, 5; CXCVIII, 4; CCXLV, 13; CCCXLII, 2; CXXV, 56; CCCLXVI, 114 e,

---

93 Verso ipometro. L'unica strategia che possiamo adottare per ripristinare l'endecasillabo originale è leggere «Bëat'è» con una dieresi. Nonostante la scarsa frequenza di questa risorsa, l'abbiamo preferita all'altra soluzione possibile, che prevedeva la collocazione di una dialefe in «quandoᵛavene», poiché questo meccanismo è uno dei meno utilizzati nella lirica petrarchesca (Beltrami 2009: 172–174).
94 Si noti il significato di «invocare» che il verbo «chiamare» ha in questo contesto. Troviamo alcuni usi paralleli nella tradizione petrarchesca, come «chiamando Morte», in *Rvf* XXIII, 140 o «chiamando [...] mercé», in *Rvf* CXXXIII, 4.
95 Verso ipometro. Si consiglia la lettura «dispietatoᵛe lei», utilizzando una dialefe che divida il verso in due periodi e rifletta così l'intensità del contenuto di questa parte della sirma. Questa modalità di lettura sarebbe equivalente a quella consigliata per *Rvf* XXXV, 14, dove si produrrebbe un effetto simile.

inoltre, in *TA* I, 9; *TM* II, 50 e *TF* 11. D'altronde, il richiamo alla morte che – sempre secondo Coluccia (1975: 90) – è limitato a *Rvf* XXIII, 140, compare anche in LXXI, 39 e CCXII, 11, in quest'ultimo caso in un chiaro contesto di sofferenza amorosa, come dimostra l'accostamento con il verso: «sol Amor e madonna, e Morte chiamo»[96].

Per quanto riguarda le fonti pre-petrarchesche che troviamo nel sonetto, spicca il «longi servir» del poeta (v. 14), in modo parallelo al «servir d'amore» dei siculo-toscani, evidenziato da Sabatini (1965: 128). Infatti, abbiamo trovato usi simili a quelli di Bartolomeo di Capua in Bonagiunta Orbicciani, sia nella canzone «Quando apar l'aulente fiore» («d'amore e di suo servire», v. 26), sia nel sonetto «Tutto lo mondo si mantien per fiore» («E de la fior son fatto servidore», v. 5). Non bisogna però dimenticare che una delle caratteristiche principali degli autori siculo-toscani è l'utilizzo di temi provenienti dalle più importanti «scuole volgari» precedenti, tra le quali spiccavano quella provenzale e quella siciliana (Antonelli 1974: 52; Bologna 1995: 434), e che uno dei fondamenti della *fin'amors* provenzale, proprio per la sua volontà di trasferire i principi relazionali feudali alla lirica amatoria, era l'amore inteso come servizio di vassallaggio. Con questo non si vuole certo affermare che il conte di Altavilla conoscesse di prima mano i trovatori occitani – sarebbe difatti una cosa molto difficile da dimostrare – ma si vuole invece solo evidenziare che le radici di alcune caratteristiche messe in risalto dalla critica – in questo caso in particolare da Sabatini – sono molto più profonde di quanto si sia finora creduto e che, se non proprio universali, possano almeno essere definite paneuropee.

Un chiaro esempio dell'impronta stilnovista si può vedere nel primo verso e nella sua personificazione dell'amore, che porta alla descrizione dell'incontro tra Amore e il poeta[97], incontro in cui è presente anche la

---

96 Sappiamo che, come sottolinea Torraca, l'invocazione della morte è un motivo familiare nella lirica italiana «prima ancora del Petrarca» (1925: 112). Tuttavia, ci sembra che, in questo caso particolare, i parallelismi tra i contesti testuali delle opere petrarchesche e altavillane possano rivelare un rapporto di diretta derivazione testuale, che poi è il dato davvero rilevante in uno studio come il nostro, poiché è l'elemento che dà prova dei rapporti intertestuali dei componimenti.

97 Nella tradizione del Dolce Stil Novo, la personificazione dell'amore è un *topos* frequente, come si può vedere, tra l'altro, nelle rime di Cavalcanti XXIII («Io

donna (v. 4). Questo passo colpisce per il rapporto che stabilisce con la famosa visione dantesca della *Vita nova* (III), dove Beatrice appare tra le braccia del dio Amore. Nel sonetto altavillano, invece, il verso «quella ch'Amor ne le sue braccia tene» non può essere interpretato in modo così univoco come il passo dantesco. Ciò è dovuto principalmente alla polivalenza sintattica dei termini «quella» e «Amor»: qual è il soggetto di «tene» e quale il complemento oggetto? In altre parole, la signora porta Amor in braccio o Amor porta lei?

A seconda dell'interpretazione data a questo verso, il significato della prima quartina sarà in un senso o nell'altro, soprattutto in relazione ai riferimenti intertestuali sui quali si basa. Così, se estrapoliamo l'immagine dantesca dal poema altavillano, ci troveremo di fronte al ritratto di una donna guidata nelle sue azioni dai capricci del dio Amore, dal quale deriverebbe la sua incostanza e della quale parleremo più avanti. D'altra parte, proprio a causa di questa volubilità, da un punto di vista assolutamente personale, siamo portati ad interpretare che sia la signora a controllare l'Amore a suo gusto e piacimento. Così, nel v. 11, l'io poetico condannerebbe sia l'amore spietato che emana l'amata ma anche l'amata stessa, poiché, in fin dei conti, sarebbe lei la colpevole della situazione e della sofferenza che ne consegue. A nostro avviso, questo atteggiamento sarebbe anche molto rappresentativo della diversa concezione dell'amore nei testi danteschi e napoletani: mentre Dante copre sempre Beatrice con un velo di innocenza, anche quando, dopo l'episodio della *donna dello schermo*, il comportamento della giovane fa soffrire il poeta, il conte di Altavilla invece ci mostra una tipologia di donna molto più consona al contesto della lirica amatoria medievale (intendendo questa, appunto, come erede della tradizione trovadorica occitana), una donna che volontariamente e consapevolmente (vv. 7–8) ferisce il poeta ignorando sia le sue suppliche attuali (v. 11) sia i suoi «longi servir» (v. 14).

---

vidi li occhi dove Amor si mise»), XXXIX («Se vedi Amore, assai ti priego, Dante»), XLIX[a] («La bella donna dove Amor si mostra») o Guinizzelli XIII («Madonna mia, quel dì ch'Amor consente»). In questi casi, come nel sonetto altavillano, è proprio l'autonomia dell'amore, che esiste al di fuori del poeta e della donna, a dare inizio al componimento.

Oltre a tutte le caratteristiche poetiche fin qui evidenziate, possiamo dire che forse l'allontanamento più netto dalla tradizione petrarchesca si può cogliere in una caratteristica del contenuto del poema altavillano cui abbiamo già accennato. Nella seconda quartina vediamo che l'io lirico mostra il proprio rammarico per la crudeltà con cui viene trattato dalla signora, lasciando intravedere il fatto che, in passato, quegli occhi che ora lo disprezzano gli «fur fratelli» (v. 6). Questo potrebbe portare all'affermazione di un elemento estraneo alla tradizione petrarchesca che, come vedremo più avanti, ricompare in altri componimenti altavillani, e a volte in modo molto più schietto che qui: il fatto che la donna che ora rifiuta l'amante, a cui non ha ricambiato i suoi sentimenti, in passato è stata almeno benevola nei confronti confronti di essi.

Il secondo dei sonetti del conte di Altavilla presenti nel codice si trova tra i ff. 62 v. e 63 r.[98] e inizia con il verso «Con riverenza volontier saprei»[99]:

> Con riverenza volontier saprei
> donna, da voi, di mia domanda il vero:
> qual fu più, vostra grazia o 'l mio pensero
> d'amar vostri occhi e poi piacer a' mei?
> Ancor più tosto domandar vorrei:
> qual più, vostro disdegno al core altero
> o mia obedenza e buon servire sincero,[100]
> pensando ai giorni ch'ò, malvagi e rei,
> e com'io servo e non intendo lasciarve[101]
> (bench'io fui folle di mirar tant'alto
> e voi sì basso con gentile aspecto)?
> Ma poi chi amarme a voi sì giusto parve,
> perché mi stracciate e poco effecto[102]
> sento più al sexto ch'al primier assalto?

Come abbiamo accennato nella conclusione dell'analisi del sonetto I, questo secondo componimento merita una speciale attenzione perché, come

---

98 Il passaggio da un foglio all'altro avviene tra i versi 8 e 9 del poema.
99 Sonetto con terzine di tre rime, le prime due replicate e l'ultima invertita, che danno origine allo schema ABBAABBACDECED. Edizioni precedenti: Torraca (1925: 115) e Coluccia (1975: 90).
100 Verso ipermetro, si legga «servir» (Coluccia 1975: 90).
101 Verso ipermetro. Coluccia (1975: 90) consiglia di eliminare la congiunzione iniziale «e» dal verso.
102 Verso ipermetro, si consiglia la collocazione di una dialefe in «stracciate^{v}e», in modo che venga ripristinato l'endecasillabo e che anche gli ultimi due versi

ha già intravisto Torraca (1925: 114), presenta un aspetto inedito: quello dell'amore corrisposto. Come abbiamo già affermato, si tratta di un amore che è stato ricambiato solo nel passato, il cui ricordo, quindi, rende il presente particolarmente amaro perché, come dice Dante in bocca a Francesca, «nessun maggior dolore / che ricordarsi del tempo felice / ne la miseria». Tuttavia, nonostante l'amarezza che pervade l'ultima terzina, il resto del componimento è segnato, più che dal dolore per il passato felice, dalla curiosità per le ragioni che hanno reso possibile che questa felicità prima si facesse realtà e poi evaporasse. Infatti, se nel sonetto I ci si riferiva a una donna crudele che incarnava il tipico disprezzo delle amanti medievali, in questo caso, più che di crudeltà, si può parlare di incostanza o addirittura di incoerenza (vv. 10–11), fatti che non provocano propriamente (o almeno non di per sé) dolore, ma sorpresa nell'io lirico.

In effetti, è proprio questa stranezza, questa sorta di defamiliarizzazione *ante litteram* della donna, a guidare le prime tre strofe del sonetto. Non a caso, il tono diventa amaro e doloroso solo quando, dopo la congiunzione avversativa con cui inizia la seconda terzina, il presente colpisce con forza l'io lirico che contempla il passato[103].

Sebbene tematicamente questo sonetto sia estraneo allo stile compositivo del Petrarca, in alcuni elementi utilizzati dal conte tuttavia si intravedono le tracce dell'aretino. È il caso, ad esempio, della combinazione «volontier saprei», presente in *TA* II, 16 e anche in Dante, *Purg.* IV, 85. Più avanti, altri tratti più chiari (in quanto maggiormente significativi) dell'impronta petrarchesca appaiono nei vv. 10–11: «mirar tant'alto / e voi sì basso», parallelo a *Rvf* XIII, 6: «che sì alto miraron gli occhi mei» (Coluccia

---

    si dividano in due periodi significativi: da un lato l'abbandono presente e, dall'altro, lo scarso successo dei tentativi del poeta.

103 Si noti il modo in cui le forme verbali in ogni parte della poesia riflettono i diversi piani temporali: mentre tra i vv. 1–11 predominano i condizionali che fanno riferimento alla volontà di sapere dell'io lirico («saprei», «vorrei») e i verbi al passato remoto («fu», «fui»), le forme al presente compaiono solo al v. 9 («servo», «intendo»). Pertanto, questo passaggio deve essere inteso come una strofa di transizione, poiché è l'inizio della penetrazione della situazione presente nel sonetto, che assumerà il ruolo di protagonista del poema nella seconda terzina («stracciate», «sento»).

1975: 90), ma anche al frequente *topos* delle radici ancestrali che descrive l'irraggiungibilità della donna in relazione alle limitate capacità del poeta.

Se – come il relativismo culturale ha tradizionalmente sostenuto e per Panofsky[104] addirittura riprende – è vero che ogni opera d'arte è, in definitiva, motivata dalla visione del mondo predominante della cultura che l'ha generata, questa dialettica tra l'infinità del mondo e la limitatezza delle capacità umane nell'apprenderlo[105] può manifestarsi come la materializzazione culturale delle nuove scoperte che, rispetto all'antichità (prima latina e poi greca) si diedero a conoscere soprattutto a partire dal Petrarca e che implicarono l'ampliamento degli orizzonti mentali nel modo di considerare le applicazioni pratiche dell'umanesimo. Per quanto riguarda l'opera di Petrarca, la variante più frequente di questa dialettica è quella dei «limiti dell'abilità del poeta» *vs*. «le virtù indicibili di Laura», un'opposizione che comporta il sentimento dell'impossibilità del canto[106], presente, con sfumature diverse e tra gli altri passaggi, in *Rvf* XX, 11; XXIII, 53; LXX, 22; LXXI, 2, 11; LXXII, 61–65; LXXIII, 22; CV, 36; CCXLVII, 5–7; CCXCIV, 1–2 e CCCXXXII, 24.

Anche il «primier assalto» è un sintagma ampiamente utilizzato da Petrarca, come attestano *Rvf* II, 9; XX, 14 e CXXV, 28 (Coluccia 1975: 90) nonché XXIII, 21, dove compare con la variante «primo assalto».

Per quanto riguarda gli echi precedenti a Petrarca, secondo Coluccia (1975: 90), il «gentile aspecto» (v. 11) rimanda a Dante, *Purg.* III, 107. Proprio questa scelta di Bartolomeo di Capua è significativa nel contesto della lirica petrarchesca, poiché non ha precedenti nell'opera dello scrittore aretino. Così, quando Petrarca usa l'aggettivo «gentile», lo fa, per lo più,

---

104 Fondamentalmente, facciamo riferimento a Panofsky (1927).
105 Questo conflitto non è esclusivo del periodo umanistico, ma, in diversa misura, si è ripetuto ciclicamente ogni volta che gli assiomi del pensiero occidentale sono stati messi in discussione dalle scoperte scientifiche, come è accaduto durante il Romanticismo, molti dei cui autori (si pensi, ad esempio, a Leopardi) hanno utilizzato il concetto stesso di infinito come elemento poetico. Per una visione più dettagliata di questo e altri conflitti nella poetica romantica, rimandiamo al lavoro di Argullol (1984).
106 Questa impossibilità di cantare contrasta e convive nella poesia d'amore con il suo opposto, cioè l'aspetto secondo cui «el Amor invita a cantar por la alegría que produce la representación de la belleza femenina» (Blanco Valdés 1996: 42).

in contesti sensibilmente diversi da questo, poiché lo applica a entità molto meno corporee dell'«aspetto / aspecto» di Dante e del conte di Altavilla. In effetti, possiamo segnalare tra gli accostamenti più frequenti di Petrarca lo «spirto gentile» di *Rvf* VII, 13; LIII, 1; CIX, 12; l'«alma / anima gentil» di *Rvf* XXXI, 1; CXXVII, 37; CXLVI, 2; CLXI, 12; CCCXXV, 1; *TA* II, 173; *TM* I, 131; II, 35, o il «cor gentil» di *Rvf* LXVII, 10; CLVIII, 6; CCCXXXII, 16; *TP*, 182 e *TM* I, 28.

Il terzo dei sonetti del conte di Altavilla, contenuto integramente nel f. 63 r., inizia con il verso «Amor, tu sai quanto remedio ò preso»[107]:

> Amor, tu sai quanto remedio ò preso
> per quest'alma gentil, cruda e selvagia
> sol per fugir la mort'e, pur ch'io l'agia
> moro innocente allor, non com'offeso.
> Se, con mia sonnolenza, il tempo e 'l peso
> e 'l tuo lungo silenzio vuol ch'io cagia,
> questo n'è suo valor, benché sia sagia,
> ca[108] tu, franco Signor, m'ài l'arco teso.
> Ben sai con quanto arbitrio lusingando
> m'ài voluto provar; poi dici ancora:
> «Amor suo fidele stratia e correge».[109]
> Oymè, fra tanto exilio dico: «Quando
> sarà quel tempo o vederò[110] mai l'ora
> ch'io n'esca fuor di questa usata lege?».

---

107 Sonetto con terzine di tre rime ripetute che creano lo schema ABBA ABBA CDE CDE. Edizioni precedenti: Torraca (1925; 113–14) e Coluccia (1975: 90–91).

108 La presenza della voce «ca», secondo Coluccia (1975: 91) risponde a un meridionalismo nella congiunzione con il significato causale. Non bisogna però dimenticare che l'ampio uso di questa forma da parte degli autori della Scuola poetica siciliana potrebbe averla nobilitata nell'uso letterario, tanto che gli autori – soprattutto quelli meridionali – non la sentissero come un mero uso dialettale. Forse è proprio per questo precedente uso letterario che il termine ha resistito alla correzione toscana.

109 Verso ipermetro, si legga «fidel» (Coluccia 1975: 91). È possibile che l'uso di forme prive dell'apocope letteraria tipicamente toscana, sia in questa che in altre poesie, sia una caratteristica meridionale derivante da un lapsus dell'autore che è passato inosservato alle due *risciacquature* settentrionali, poiché esse non si sono concentrate sullo schema metrico, ma sulla forma linguistica.

110 L'assenza della sincope già segnalata da Coluccia (1975: 91) potrebbe essere dovuta in questo caso a motivi metrici.

Questo componimento è costruito sulla base della personificazione dell'amore[111], che acquista assoluta autonomia rispetto all'io lirico e alla donna amata e diventa l'interlocutore del primo. Questo motivo, per quanto estraneo ad alcuni autori pre-petrarcheschi come Cavalcanti o Guinizzelli[112], è relativamente ricorrente nei *Rvf* e compare addirittura in una situazione analoga a quella altavillana in XLVIII; L, 39; LXIX; LXXXV, 12-14; CXXI, 1; CXXXV, 4, 84; CLXIII; CLXXIV; CXCII; CCVI, 50; CCVII, 6, 61-68; CCXXXVI; CCLXVIII, 1, 12; CCLXX, 1, 73, 103, 106; CCCIII; CCCXXV, 5; CCCXXXII, 55; CCCLV; così come in *TE* 93.

A parte questo punto di partenza, per quanto riguarda le caratteristiche testuali della tradizione petrarchesca, spicca «alma gentil» (v. 2), presente – come abbiamo detto – in *Rvf* CXLVI, 2; CCCXXV, 10 e *TM* I, 131 (Coluccia 1975: 91) e, indirettamente, in *Rvf* XXIII, 121; XXXI, 1; CXXVII, 37; CLXI, 12; *TA* II, 173; *TM* II, 35. Allo stesso modo, «cruda e selvaggia» (v. 2) richiama *Rvf* CCLXV, 1 e «usata lege» (v. 14) fa riferimento a *Rvf* CXLVII, 3[113]. Analogamente, il motivo dell'«esilio» (v. 12) inteso come privazione d'amore, poiché l'amore è concepito come residenza naturale dell'anima e della pace, si ritrova anche nell'aretino in *Rvf* XXI, 10; XXXVII, 37; XLV, 7; XCIV, 8; CXXX, 13 e CCCXXXI, 5[114].

Una menzione particolare merita il binomio «fugir la mort'» (v. 3), poiché si colloca su un piano intermedio tra le reminiscenze puramente testuali o esterne e quelle tematiche. Questo verso può essere interpretato identificando la morte da cui l'io lirico fugge con la sofferenza causata nell'amante dalla vista della donna amata, che gli fa sentire tutta l'intensità del suo dolore per l'amore non corrisposto. Secondo questa lettura, potremmo trovare gli equivalenti petrarcheschi in *Rvf* XIV, 2; XVIII, 9-10 e CCXXI, 9-10, anche se, ancora una volta, si tratta di un *topos* molto antico. Questa interpretazione porterebbe con sé un'altra conseguenza: l'origine della

---

111 Questo meccanismo, di cui abbiamo già parlato nella poesia altavillana (I, 1), è molto ricorrente nella poetica del conte.
112 Intendiamo, ovviamente, l'autonomia dell'amore fino al livello acquisito ad Altavilla, non vieppiù la personificazione dell'amore che – come abbiamo precedentemente visto – è un ricorso frequente tra gli Stilnovisti.
113 Quest'ultimo parallelismo è già stato evidenziato da Coluccia (1975: 91).
114 Il termine «esilio» compare anche nel Canzoniere petrarchesco con il significato di errore (LXXX, 32) e di vita terrena (CCLXXXV, 5).

morte come sofferenza nella donna stessa, così che l'amata sarebbe il principio generatore di due realtà inizialmente opposte: l'amore e la morte, ma che si intreccerebbero per tormentare e far soffrire ugualmente il poeta.

Così, quasi fosse una «presa di posizione» freudiana *avant la lettre*, nel sonetto del conte l'amore dell'amata rappresenterebbe l'eros attraverso il quale – come stabiliva il padre della psicoanalisi – l'individuo raggiunge la pienezza della vita, intesa come felicità nel caso di altavillano. Eppure, la predominanza di Eros vede la propria stabilità costantemente messa in pericolo dalla minaccia di Thanatos, il simbolo freudiano della morte, dell'aggressione e della repulsione; elementi, questi ultimi due, che in questo componimento l'io lirico sente ricadere su di sé, che nascono dal suo rapporto con la donna e che sono la radice della morte che minaccia il soggetto[115].

Per quanto riguarda le fonti precedenti a Petrarca, in questo sonetto abbiamo trovato solo il termine «correge» (v. 11), usato secondo l'accezione dantesca di *Inf.* V, 60 (Coluccia 1975: 91). Se mettiamo in relazione questo fatto con l'idea precedente, colpisce che, appunto, l'unica fonte dantesca del componimento si riferisce a *Inf.* V, uno dei passi di tutta la letteratura occidentale in cui amore e morte si combinano nel modo più intenso.

Il quarto sonetto del conte di Altavilla, che inizia con il verso «Occhi mei tristi, ancor pianger volete?»[116], si trova tra i ff. 63 r. e 63 v. del codice[117]:

> Occhi mei tristi, ancor pianger volete?
> Morta l'à tolta il ciel, viva lì specchi.
> Ma voi, del dolce suon vedove orechi,
> non pur de l'ascoltar private sete.
> Man che 'ndarno scriveste, or che farrete[118]?
> Pie' miei, ad cercarla, ai dì, più vecchi;[119]

---

115 Per approfondire le applicazioni culturali della dicotomia Eros *vs.* Thanatos di Freud, rimandiamo a Brown (1959).
116 Sonetto con terzine di tre rime, le prime due invertite e la terza replicata, secondo lo schema ABBAABBACDEDCE. Edizioni precedenti: Torraca (1925: 118) e Coluccia (1975: 91).
117 La divisione avviene tra i vv. 2 e 3.
118 La vibrante doppia di «*farrete*» è una caratteristica dialettale dell'area napoletana.
119 Verso ipometro. Per rimediarlo, Coluccia (1975: 92) suggerisce di leggere «piedi» invece di «pie'». Dato che il sintagma «pie' miei», come vedremo,

> lingua pronta a parlar, convien che secchi!
> L'umor degli occhi e 'l fiato ai sospir chete,
> ancor questi tributi or prende Amore:
> dal pecto il sospirar, dagli occhi il pianto,
> non mancandosi dramma di mio incarco.
> Almen omai che, spencto 'l lume sancto,
> pace o tregua trovassi el tristo core,
> ma dì e nocte a tirarne à stesso[120] l'arco.

Come già sottolineato dalla critica precedente (Torraca 1925: 118; Coluccia 1975: 91), il sonetto ha la sua fonte principale in Petrarca, più precisamente in *Rvf* CCLXXV. In entrambi i componimenti vengono presentate le stesse idee e, talvolta, gli stessi elementi compaiono in un ordine simile: «occhi» (Petrarca v. 1, Altavilla v. 1); «orecchie / orechi» (P 5, A 2); «pie' miei» (P 7, A 6). In ogni caso, il sonetto altavillano, partendo dallo stesso punto del sonetto petrarchesco, prende un'altra strada e giunge a una conclusione diversa.

La prima innovazione che si riscontra in Bartolomeo di Capua è l'inserimento di nuove parti del corpo che riflettono la sofferenza per la perdita dell'amata, come «l'umor degli occhi e 'l fiato» (v. 8), che vengono ripresi nel v. 10. Proprio il primo di questi sintagmi è di origine petrarchesca, in quanto si riferisce a *Rvf* CCXVI, 5 (Coluccia 1975: 92).

Ma, forse, la novità principale del conte in questi versi è l'introduzione della mano (v. 5) e della lingua (v. 7), poiché, attraverso di esse, si manifesta la produzione poetica in sé dell'io lirico in riferimento alla donna. Per quanto riguarda il secondo elemento, il v. 7 ci mostra che l'unica funzione

---

> è un epiteto presente nella tradizione petrarchesca e che, d'altra parte, la combinazione senza apocope «piedi miei», è estranea alla tradizione letteraria in cui si inquadra il sonetto, si consiglia l'introduzione di una dialefe in «mie, ^{V}ad», oltre a quella già esistente in «cercarla,^{V}ai». La giustificazione di questa scelta è motivata dal contesto dei versi precedenti e successivi, che mostrano le parti del corpo dell'io lirico che soffrono per la perdita dell'amato separate, in unità di intonazione diverse, dal modo in cui questi organi agivano quando l'amato era vivo: «Man | che» (v. 5), «lingua | pronta» (v. 7). Seguendo questa tendenza, la lettura «tristi^{V}ancor» – coerente peraltro con la punteggiatura della nostra edizione – ci sembrerebbe addirittura più logica per il primo verso, anche a rischio di rompere l'equilibrio metrico dell'endecasillabo.

120 Secondo Coluccia (1975: 92), la geminazione è dovuta alla mano del copista settentrionale.

che l'io poetico attribuisce alla sua lingua è quella di parlare dell'amata o, forse, di parlare con essa stessa, fatti entrambi privi di significato dal punto di vista altavillano dato che la donna è ormai morta. Lo stesso vale per la mano del v. 5, la cui unica funzione è di scrivere in lode dell'amata. Questo aspetto introdotto dal conte nel contesto del sonetto non è estraneo alle idee del *Rvf*, alcuni dei cui componimenti fanno esplicite menzioni – in un certo senso metaletterarie – del processo di composizione dei versi a Laura[121]. Tuttavia, c'è una differenza fondamentale in termini di questa intenzionalità metaletteraria tra i due autori: mentre Petrarca non concepisce la morte dell'amata come un ostacolo o un impedimento al suo lavoro poetico per Laura, il conte di Altavilla lo fa. In questo modo Bartolomeo di Capua si allontana in modo così significativo dagli insegnamenti di Petrarca che, a suo giudizio, la seconda parte dei *Rvf* potrebbe dirsi priva di significato. In contrasto con questo presupposto, la reazione dell'aretino alla morte dell'amata si manifesta in una persistenza lirica che sembra – come succede in *Rvf* CCCXXXII o CCCXXXIII – considerare le rime come l'unica preghiera onnipotente in grado di raggiungere Laura ovunque essa si trovi.

Questa circoscrizione delle rime all'esistenza terrena dell'amata comporta non solo una netta distanziazione dall'ideale petrarchesco, ma anche da altre cosmovisioni del mondo amoroso in sé, come quella di Dante. Come sappiamo, dopo la morte di Beatrice, il fiorentino dedica all'amata sia la conclusione della *Vita nova* sia l'intera *Commedia*, che tra le diverse funzioni ha quella di, ricordiamolo, «dicer di lei quello che mai non fue detto d'alcuna». Nonostante le differenze tra Dante e Petrarca e, soprattutto, al di là della profonda impronta che l'esperienza umanistica lascia nell'aretino, il fatto che entrambi condividano questo tratto, a differenza di Altavilla, è prova dell'ampiezza della loro visione e dell'adattamento della globalità delle loro opere – soprattutto nel caso di Petrarca – a una complessa e articolata poetica personale.

Concentrandoci sui termini che Bartolomeo di Capua utilizza nel suo sonetto, possiamo rilevare l'esistenza di alcuni elementi in comune con

---

121 Troviamo esempi di questa tematica fin dall'inizio del Canzoniere, già in I, 1, ma l'idea si ripete spesso in tutta l'opera, come testimoniano XX, 2; CCIII, 10; CCXVII, 2; CCXLVIII, 12, ecc.

l'uso petrarchesco. È il caso del già citato «pie' miei» (*Rvf* CCLXXV, 8) o «umor degli occhi» (*Rvf* CCXVI, 5) (Coluccia 1975: 92), ma anche di altri sintagmi, come «occhi mei tristi» (v. 1), che potrebbe trovare origine in combinazioni dell'aretino come «l'onde che gli occhi tristi versan sempre» (*Rvf* LV, 12), «degli occhi tristi un doloroso fiume» (*Rvf* CCLXXIX, 11) o «gli occhi mei ... / o li tèn tristi et molli» (*Rvf* CCCXX, 3–4). In questi tre casi, l'epiteto «occhi tristi», che di suo sarebbe vuoto di contenuti significativi per la nostra analisi a causa della facilità della sua ricorrenza, porta al pianto, come nel caso del conte di Altavilla, e, inoltre, nei primi due casi l'intero processo è inserito, come nel componimento napoletano, in una domanda retorica.

Al v. 11 troviamo altri due lemmi petrarcheschi. È il caso di «dramma», con il significato di 'parte minima' (*Rvf* CXXV, 12 e *TP* 70) e di «incarco», 'peso doloroso per amore' (Coluccia 1975: 92), presente in *Rvf* XXXVI, 4; CXLIV, 6; CCXXVIII, 13 e CCLII, 3[122]. Allo stesso modo, la denominazione degli occhi come «lume» (v. 11) è molto frequente nei *Rvf*, dove la combinazione «spento lume» compare anche in alcune occasioni per indicare la morte della donna (XII, 4; CCLXXII, 14; CCCXXVI, 4). In aggiunta, «pace o tregua» (v. 13), epiteto già presente in Maramauro IV, 1, è – come abbiamo detto nell'analisi del sonetto del precedente poeta napoletano – un accostamento che compare con una certa frequenza nella lirica petrarchesca.

Se nel sonetto II del conte abbiamo detto che la natura tematica del componimento era estranea alla tradizione petrarchesca e, quindi, la maggior parte degli elementi significativi che confluivano nel poema erano estranei agli insegnamenti dell'aretino, in questo sonetto IV possiamo affermare esattamente il contrario. Il dolore per la perdita dell'amata e la nostalgia di lei è uno dei temi che articolano la lirica petrarchista nelle diverse manifestazioni nazionali che questo filone ha conosciuto[123]. Per questo motivo,

---

122 L'occorrenza dei termini in XXXVI, 4 e CCLII è citata da Coluccia (1975: 92), anche se –come in altre occasioni – lo studioso non cita il resto dei casi in cui questi lemmi compaiono nei *Rvf*.

123 Si pensi, non solo a Petrarca e Laura, ma anche ad altre coppie di innamorati del petrarchismo cinquecentesco, come Garcilaso e Isabel o Camões e Bárbora.

a volte, come in questo caso, è difficile trovare tracce di altre tradizioni letterarie in componimenti che riprendono questo tipo di argomenti.

Il sonetto V del conte di Altavilla, raccolto tra i ff. 63 v. e 64 r. del codice Gaddiano Reliqui 198[124], inizia con il verso «Deviandomi Amor di strada in strada»[125]:

> Deviandomi Amor di strada in strada,[126]
> ove lasso fugir già non pensai,
> subito vidi allor ben mille rai
> c'una parte del ciel tucta infiammata.
> E vidi Amor con la mia donna ornata,
> con più donne e donzelle, ond'io guardai;
> vagh'era e bella oltra le belle assai,
> più legiadra et humìl, più 'namorata.
> E disse: «Guarda». Et io: «Ben ch'i' ti vegio,
> chi se' tu, alma beata? Or se' tu quella[127]
> che fe' già fonte far degli occhi miei?»[128]
> Tanto gioliva[129], amorosecta e bella
> m'apparve nel venir, ch'io più non chegio,
> né cercherò, n'al mondo altro vorrei.

In questo componimento il conte di Altavilla descrive la visione dell'amata che riposa in paradiso accanto al dio Amore. Questa scena si manifesta nella seconda quartina dopo un vagare apparentemente senza meta dell'io lirico (vv. 1–4) che, concentrato sul dolore che opprime il suo cuore, non si rende conto che è l'Amore a guidare i suoi passi verso il luogo scelto per la contemplazione ultraterrena dell'amata (vv. 3–4). Questo luogo è

---

124 La divisione avviene tra i vv. 12 e 13 del componimento.
125 Sonetto con terzine di tre rime, le prime due invertite e la terza replicata, formando così lo schema ABBAABBACDEDCE. Nonostante ciò, Coluccia lo descrive come «sonetto con terzine di tre rime ripetute» (1975: 92). Edizioni precedenti: Torraca (1925: 113) e Coluccia (1975: 92).
126 Verso ipometro, si legga «Deviandomi». La dieresi in questo termine ha precedenti sia nei *Rvf* (CLXIX, 1; CCVI, 21; CCCXXII, 8; CCCXXXI, 51 e CCCLXV, 7) sia in *TF* II, 7; III, 33. Il termine «strada» in rima con «infiammata», «ornata» e «'namorata» è il risultato della sostituzione delle forme meridionali con le rispettive forme toscane, poiché il napoletanismo «strata» è dietro a questo schema di rima.
127 Verso ipometro, per mantenere l'endecasillabo, si legga «beata?ᵛOr».
128 Verso ipometro, si legga «che fece».
129 Ipertoscanismo (Coluccia 1975: 92).

caratterizzato come collegamento locativo tra cielo e terra sia dai «mille rai» che uniscono entrambi i piani spaziali sia dalla «parte del ciel tucta infiammata».

Tra tutte le donne che l'io lirico contempla, spicca l'amata, non solo per la sua bellezza, ma anche – e qui si trova la novità rispetto ad altre visioni – per l'amore che egli professa per lei (vv. 7-8). In modo parallelo a quanto accadeva in altre visioni della letteratura del tempo, l'amore diventa un altro attributo che onora e nobilita la donna, dissociandolo così da ogni possibile implicazione fisica, carnale o peccaminosa che una dimensione terrena avrebbe potuto comportare[130].

La prima terzina è caratterizzata dal colloquio tra la dama e l'io poetico, attraverso il quale la prima si mostra gentile e ricettiva alle parole del secondo, forse per la prima volta (vv. 9-11). La forza di questa visione porta, verso la conclusione del sonetto (seconda terzina), al desiderio dell'io lirico di non continuare a cercare l'amore nel mondo terreno dopo l'incontro *post mortem* con la donna.

Questa piena felicità dopo la visione ultraterrena (v. 13) dimostra che l'amata raggiunge nella morte ciò che non è riuscita a fare in vita: dare pace all'anima dell'amante. Al contempo, questo incontro pianificato dal dio Amore porta in sé una domanda più profonda: perché la signora, dopo essere stata crudele per tutta la vita (vv. 10-11), appare così affabile con l'amante? A nostro avviso, la rappresentazione della ricettività della dama nei confronti dell'io lirico in componimenti simili al presente comporta la sublimazione della perfezione del sentimento amoroso di quest'ultimo nei confronti della prima. Vale a dire, la donna in vita ignorò le richieste, non solo d'amore ma probabilmente anche di pietà, che l'amante poteva rivolgerle, ma ora che, dopo la morte, ha trasceso le limitazioni intellettive terrene ed è sotto la protezione e il consiglio di un'entità infinitamente superiore – in quanto, per sua natura, è sempre stata al di fuori delle suddette

---

130 Forse uno degli esempi più perfetti di queste visioni a cui alludiamo è *The Legend of Good Women,* di Chaucer, nel cui prologo la regina Alcesti appare accanto al dio Amore a presiedere la brigata di donne esemplari descritte in termini equivalenti a quelli qui riportati. Tuttavia, sottolineiamo che il poema altavillano è uno dei pochi casi in cui l'amore manifestato dalla donna ricade sull'io lirico, a sua volta spettatore della visione.

limitazioni (il dio Amore in questo caso) – può accettare di mostrarsi in tal modo all'io lirico. Questo fatto suggerisce che il distacco dal mondo terreno ha comportato che vi sia consapevolezza e apprezzamento da parte della donna per ciò che riguarda la veridicità e la positività dei sentimenti dell'amante.

Rispetto alle fonti del sonetto, come abbiamo già indicato in un paio di occasioni, la personificazione di Amore è un motivo tipicamente stilnovista, anche se con frequenti ricorrenze dalla tradizione petrarchesca. In ogni caso, il trattamento riservato ad Amore come personaggio in questo poema non si limita (come nei sonetti I e III) alla semplice prosopopea, ma il dio viene identificato con una divinità, fatto che fa sì che le sue radici culturali affondino nella nostra cultura.

D'altra parte, va da sé che il Petrarca e i suoi imitatori attribuiscono grande importanza alla morte dell'amata e, in un modo o nell'altro, alla comunione *post mortem* con essa.

Tra i parallelismi che si potrebbero trovare tra questo sonetto e i *Rvf*, troviamo significativo il caso di CCCXXXVI, un sonetto in cui Petrarca descrive come, nonostante abbia lasciato il mondo dei mortali, Laura appaia talvolta viva nella sua mente. Sebbene l'argomento dei due componimenti presenti evidenti divergenze, il ricongiungimento con l'amata in una sfera che trascende i limiti del mondo fisico, limitato e concreto della terra è comune a entrambi i sonetti, così come la presenza di alcune idee o simboli, fondamentalmente nelle quartine. È il caso delle immagini luminose che accompagnano il ritorno dell'amata (i «mille rai» e la «parte del ciel tucta infiammata» di A e i «raggi di sua stella» di *Rvf* CCCXXXVI, 4) o della pienezza con cui la dama si presenta («oltra le belle assai / [...] 'namorata» di A e «honesta et bella», di *Rvf* CCCXXXVI, 5). Analogamente, in entrambe le poesie, la prima terzina si apre con un accenno alla comunicazione con la dama: Altavilla coglie direttamente le sue parole, mentre Petrarca racconta che, al suo richiamo, Laura «talor risponde, et talor non fa motto» (CCCXXXVI, 9). Sebbene i due componimenti portino a esiti che hanno poco a che fare l'uno con l'altro, ci sono alcuni sintagmi petrarcheschi che compaiono nel sonetto altavillano, come «anima beata» (CCCXXXVI, 14) / «alma beata» (A, 10)[131].

---

131 Non intendiamo stabilire un rapporto diretto di modello e frutto di imitazione o versione tra il sonetto petrarchesco e quello altavillano; piuttosto, il

Per quanto riguarda il resto delle fonti o degli echi di influenze che risuonano nel sonetto, vale la pena di sottolineare gli elementi luminosi presenti nel modo in cui la visione si dispiega nella prima strofa davanti all'io lirico. I raggi di luce che, dall'alto, si riversano sul terreno sono un elemento ricorrente nelle opere pittoriche e anche in alcune opere scultoree, per lo più successive, che raffigurano temi religiosi. Come nel nostro sonetto, anche in questi contesti figurativi la luce è l'elemento di collegamento tra il mondo divino e quello umano. Sebbene la consacrazione di questo elemento in altri ambiti artistici avvenga, come abbiamo già affermato, in un momento successivo rispetto alla datazione del poema altavillano, ci sembra opportuno sottolineare che tale elemento si giustifichi su una base biblica e liturgica, che definisce la luce stessa come metafora divina; ciò in definitiva, così come molti autori medievali non hanno trascurato, rende possibile che anche Bartolomeo di Capua adoperasse in modo pienamente consapevole tale artifizio[132].

Nella seconda quartina, a parte il già citato «donna mia», spicca il sintagma «donne e donzelle», presente in *Rvf* CLXXVI, 8, ma anche in Cino da Pistoia LXXXIX, 1 e in Lapo Gianni I, 37 e XVII, 10 (Coluccia 1975: 92), così come «bella oltra le belle assai», simile a *Rvf* CCLXXXIX, 1 e amplificazione delle formule «pulchra inter mulieres» e «pulchrerrima mulieribus», così frequenti nei discorsi liturgici e religiosi e risalenti a *Cantico* 1, 7; 5, 9, 17.

Il motivo degli occhi trasformati in fontane come conseguenza del pianto per le sofferenze d'amore (v. 11) compare in *Rvf* CXXXV, 53; CLXI, 4 e CCCXXXII, 54, nonché in Cino, «Oimè lasso! Quelle trece bionde», vv. 38-39.

---

nostro intento è quello di analizzare gli elementi comuni tra i due componimenti, dato che presentano *grosso modo* due varianti nell'elaborazione della stessa idea. Detto ciò, non siamo in grado di escludere che il conte possa aver utilizzato questo o altri componimenti petrarcheschi tematicamente simili come punto di partenza per la costruzione della struttura profonda del suo poema.

132 Facciamo riferimento, in particolare, ai passi biblici *2Sam* 22,29; *Is* 10,17; 60,19; *Mi* 7,8; *Sal* 18,29 e *Sap* 7,26. D'altra parte, non dobbiamo dimenticare l'importanza della luce in alcune scuole poetiche medievali, come i trovatori provenzali e, soprattutto, gli Stilnovisti.

Infine, per quanto riguarda la seconda terzina, vale la pena notare che l'uso dell'infrequente e raro aggettivo «amorosecta» trova una coincidenza con *Rvf* CLXII, 6 e, come afferma Marco Santagata a proposito del verso di Petrarca (1996: 745), anche nel sonetto XLIVª, 1 di Bernardo da Bologna a Guido Cavalcanti.

Il verso «Tucti li altri pensier caldi d'amore»[133] apre il sonetto VI del conte di Altavilla, conservato nel f. 64 r. del codice fiorentino:

> Tucti li altri pensier caldi d'amore
> che soglion mio concepto ognor far novo
> (con che lieti martiri io fugo e trovo),
> salsi questa, et Amor dentr'al mio cuore.
> Nulla disuguaglianza è dal mi' errore
> al mio volere; con acto vario provo,[134]
> c'or con morto sperar mi parto e movo,
> or con somma alegreza, or con dolore.
> E quest'è quel che la mia trista vita
> condurà tosto al fin ch'a me sì tarda
> per quest'alma gentil, dolce e villana.
> Ben dico: ella mi stratia e forse aita,[135]
> di più stretto piacer mi leva e guarda,
> poi, con acto d'amor, m'uccide e sana.

I primi critici hanno già messo in relazione questo componimento con il sonetto II del conte, in quanto entrambi sembrano mostrare che l'amore di Bartolomeo di Capua «non dovette essere sempre disdegnato» (Torraca 1925: 114). In questo senso, come abbiamo già sottolineato poco fa in riferimento al sonetto II, il componimento si allontana dalla traiettoria del Petrarca lirico, ma in questo caso è curioso come, pur tenendo conto di questa presa di distanza, il conte utilizzi elementi dell'opera dell'aretino, conferendo loro un nuovo significato nella misura in cui vengono posti in relazione a una nuova globalità.

---

133 Sonetto con terzine di tre rime ripetute (schema ABBA ABBA CDE CDE). Edizioni precedenti: Torraca (1925: 115) e Coluccia (1975: 92–93).
134 Verso ipermetro, si legga «mio voler».
135 Verso ipometro, si consiglia di leggere «dico: ᵛella», introducendo una dialefe tra il verbo locutorio e lo stile diretto, in modo che la lettura (che ripristina l'originale endecasillabo) favorisca l'intensità degli ultimi versi del sonetto.

Parimenti, è sorprendente vedere come le strategie tradizionalmente applicate alla descrizione della sintomatologia del disamore o della mancata corrispondenza del desiderio verso la donna in questi versi siano applicate, in un certo senso, al processo opposto. È il caso delle convenzioni del genere *de oppositis*, qui riferite alle sofferenze che l'io lirico prova in assenza della donna. Tuttavia, a differenza di quanto accade nei componimenti più paradigmatici di questa strategia retorica (si pensi, ad esempio, a *Rvf* CXXXIV), queste sofferenze vengono qui alleviate dalla donna stessa «con acto d'amor».

Tra gli echi petrarcheschi del sonetto già evidenziati dalla critica (Coluccia 1975: 93) vi sono l'indugio della morte (v. 10), che rimanda a *Rvf* CCLI, 14; il sintagma «anima gentile» (v. 11), presente in *Rvf* CXLVI, 2; CCCXXV, 10 e *TM* I, 131 (oltre che, come si vedrà, in Altavilla VIII, 1); l'accostamento «anima [...] villana» (v. 11), utilizzato anche in *Rvf* CCLXX, 83, e la conclusione del potere salvifico e condannatorio dell'amore (*Rvf* CLIX, 12).

Oltre a queste menzioni, il binomio «mi' errore» (v. 5) va analizzato in modo particolare per l'importanza capitale che l'errore acquista nella produzione petrarchesca (e non solo nel suo aspetto lirico, come si evince da altri testi come il *Secretum*). Il noto «primo giovenile errore» (*Rvf* I, 3) dell'aretino può essere interpretato come una deviazione dalla retta via e, quindi, come un peccato[136], ponendolo in relazione all'opposizione «amore umano *vs.* amore divino», che costituisce l'asse portante della maggior parte dei *Rvf*. Ciononostante, si può dire che, man mano che l'opera procede verso la sua conclusione, questo errore viene gradualmente corretto. Il fatto che lo scrittore toscano lo chiarisca nel sonetto che fa da proemio alla sua opera e che, per di più, lo faccia in un contesto sintattico legato al passato implica una profonda volontà di superamento.

Questo pentimento e questa lotta verso la rettitudine – intesa secondo i parametri di ogni io lirico – non sono presenti in Altavilla. Al contrario, egli afferma che «Nulla disuguaglianza è dal mio errore / al mio volere» (vv. 5–6) o, in altre parole, identifica il motivo del suo tormento con la

---

136 Per ulteriori dati sulla concezione del peccato nei *Rvf* rimandiamo al commento e alle note di Santagata per il sonetto proemiale nella sua edizione del Canzoniere (Petrarca 2010: 5–12, soprattutto p. 8).

propria volontà mentre, grazie alla forma verbale «è», inserisce questo binomio in una sfera temporale presente.

A questo punto sorge una domanda: cosa intende Altavilla per «errore» e in che misura è consapevole, al di là dell'uso, delle implicazioni del termine petrarchesco? Per quanto riguarda la prima parte della domanda, secondo Coluccia (1975: 93), l'errore del conte fa riferimento esclusivamente al tormento causato dal suo amore per la donna («mio volere»). Tale lettura indica la buona probabilità che Bartolomeo di Capua non fosse ben consapevole del significato del termine utilizzato, ma che si sia invece lasciato trasportare dalla facilità della combinazione di rime «amore / cuore / errore / dolore»[137], anche in virtù del fatto che con questa strategia il conte inizia a sviluppare le opposizioni della seconda quartina.

Se consideriamo i termini analizzati in relazione al resto delle opposizioni presenti nel sonetto e li classifichiamo in due gruppi distinti, troveremo, *grosso modo*, le seguenti categorie:

Tabella 1: parole chiave del sonetto

Termini positivi	Termini negativi
lieti	martiri
trovo	fugo
volere	errore
parto e movo	morto sperar
somma alegrezza	dolore
aita	stratia
sana	uccide

La costante dialettica tra i termini di entrambe le categorie porterà al desiderio della tanto agognata morte, che tarda ad arrivare (vv. 9–10).

D'altra parte, se si analizzano in modo indipendente le caratteristiche di ciascuno dei termini classificati, si scopre che, sebbene la prima categoria sia composta da parole «positive» e la seconda da termini «negativi», le voci «errore» e «volere» sono ancora una volta predominanti in entrambe

---

137 Si noti che le parole che formano la rima A di questo sonetto coincidono con quelle che costituiscono la rima B di *Rvf* I.

le categorie, in quanto sono le uniche che richiedono una componente di intenzionalità nell'umore dell'io lirico per la loro costituzione. Così, mentre il dolore o la gioia – pur essendo vissuti interiormente dal soggetto – richiedono *a priori* uno stimolo esterno, la volontà o l'errore si manifestano nel modo opposto, poiché sono reazioni o considerazioni che si confermano in base a parametri interni, precedentemente esistenti nell'essere, che sono i responsabili dello stimolo.

In questo senso, il termine «errore» potrebbe essere escluso dalla categoria «negativa» nella misura in cui la denominazione stessa comporta l'accettazione e l'interiorizzazione dell'erroneità del comportamento – cioè del «volere» – in tal modo si pone in essere un processo di epurazione della colpa paragonabile all'*iter animae* di Petrarca nei *Rvf*.

Detto ciò, prima di affermare che tale lettura è corretta, vale la pena di considerare la stessa questione da un'altra prospettiva: dato che questa combinazione di «errore» e «volere» è composta da due elementi, sarebbe possibile che la trasposizione di significato non avvenisse dal primo termine al secondo, bensì dal secondo al primo? Per questa lettura è necessario tenere conto del contesto generale del componimento e, soprattutto, della sua conclusione. Alla fine della sirma, il conte afferma che la donna «con acto d'amor» «uccide e sana» i mali dell'amante. Considerando quest'ultima affermazione e, ancor più, l'ordine in cui compaiono gli elementi che la compongono, cioè la guarigione dopo la morte e la sofferenza dell'amante, l'amata si presenta come l'incarnazione di un essere supremo di dimensioni taumaturgiche, capace quasi di conferire l'immortalità all'amante attraverso il suo favore. In questo senso, e tenendo presente che è stato proprio il binomio «uccide e sana» a chiudere le categorie sopra citate, crediamo di avere le prove per poter affermare che non si può parlare di due categorie di opposizioni che si contrappongono a pari merito, ma che la seconda di esse, che abbiamo definito «negativa», è subordinata alla prima nella misura in cui, in conclusione, la materializzazione dell'amore dà luogo a una sorta di energia onnipotente che contribuisce ad allontanare ogni male dall'amante. Se nei *Rvf* era la fuga dal peccato dell'amore terreno il motore principale della salvezza di Petrarca come personaggio, in questo sonetto la dama è la fonte da cui proviene la forza per il raggiungimento della vita eterna, anche se va notato che questa vita eterna varia nella sfera di applicazione «terrena *vs.* ultraterrena» nei contesti petrarchesco ed altavillano.

In questo senso, l'errore andrebbe interpretato come la percezione della sofferenza e non come la sofferenza stessa, come sostiene Coluccia (1975: 93), poiché la volontà di amare la donna («volere») protegge l'io lirico da qualsiasi minaccia che possa incombere su di lui.

Da questo punto di vista e avendo presenti entrambe le possibilità ermeneutiche, procediamo a rispondere alla domanda che avevamo lasciato in sospeso: non sappiamo se Altavilla fosse consapevole della ripercussione connotativa che l'uso che il termine «errore» implicava nell'opera petrarchesca, ma – casualmente o meno – attraverso questa strategia è riuscito a dare a questo sonetto uno spessore del tutto particolare, soprattutto attraverso il procedimento combinatorio del motivo *de oppositis* con la questione dell'errore.

Per quanto riguarda le tracce esterne alla tradizione petrarchesca, l'unico elemento che spicca in questo sonetto è il termine «salsi» (v. 4), presente in *Purg.* V, 135; XXXI, 90[138], ma, trattandosi, come in questo caso, di una voce isolata, fuori da ogni contesto, e che per di più compare in Dante solo in due occasioni, l'uso che il conte fa di questo lemma potrebbe essere definito più come un toscanismo generale[139] che come un esempio di impronta dantesca. Al di là dell'influenza toscana, la locuzione deittica «e quest'è quel» (v. 9) è usata anche da Maramauro (IV, 14).

Naturalmente, come in tutte le poesie, ci sono altri elementi che trascendono l'uso petrarchesco e toscano per entrare quasi a far parte del patrimonio letterario occidentale, e che quindi sono talmente complessi che un'analisi del genere esula dagli scopi di queste pagine. È il caso, ad esempio, dell'aggettivo «gentile» già citato più volte, o della procedura stessa del *de oppositis*.

Il sonetto VII di Bartolomeo di Capua, presente tra i ff. 64 r. y 64 v. del codice[140], inizia con il verso «Stanchi son gli anni, mei rocti dal peso»[141]:

---

138 Sicuramente dovuto a una svista involontaria, Coluccia (1975: 93) si limita a citare come fonte *Purg.* V, 35 («com'io avviso, assai è lor risposto») dove, come si può notare, non compare il termine «salsi».
139 Non sappiamo se di prima mano o come conseguenza di una correzione posteriore dei sonetti.
140 La separazione ha luogo tra i vv. 6 e 7.
141 Sonetto con lo stesso schema metrico del precedente, vale a dire, con terzine di tre rime ripetute che creano, dunque, lo schema ABBAABBACDECDE. Edizioni precedenti: Torraca (1925: 119) e Coluccia (1975: 93).

> Stanchi son gli anni, mei rocti dal peso
> per le furie d'Amor nel tempo antico,
> chiamando[142] 'l mio signor non, ma nimico,
> mille volte mercè, non sendo enteso.
> Ma com'io vidi 'l tempo, omai ò preso[143]
> um[144] più dolce camin, vago et aprico,
> ch'io sento entro nel cuor, ben ch'io no'l dico,
> um felice pensier ch'è in me desteso.
> Sì c'omai mi convien cercar a forza
> pogi, valli, aspre silve e vie silvage,
> fin ch'io giunga al cubil degl'anni mei,
> che da la trista e sventurata scorza
> glieta l'alma si parte e da le strage,
> col nome che ciascum fornir doverei.[145]

La lettura di questo sonetto può indurre a pensare che si tratti di uno degli ultimi componimenti del conte. Infatti, Torraca, che nella sua edizione modifica l'ordine originale del codice, lo presenta come l'ultimo dei sonetti di Bartolomeo di Capua (1925: 119), senza dubbio perché può essere considerato come il culmine di un ciclo di vita evidenziato in altre composizioni: il percorso amoroso.

Già dall'inizio della fronte, è più che chiaro che l'io lirico considera il dolore d'amore come una vicenda che appartiene esclusivamente al passato, al «tempo antico» (v. 2). Nel suo cuore, il luogo occupato da queste

---

142 Si veda Altavilla I, 9.
143 Verso ipometro. Per ripristinare l'endecasillabo si consiglia di leggere «tempo^vomai», separando la proposizione temporale dalla proposizione principale. Va notato, tuttavia, che questo è uno dei casi di ipometria più difficili che abbiamo trovato nella poesia di Altavilla, poiché la collocazione della dialefe indicata comporta una pausa tra due vocali uguali, che può sembrare un po' artificiosa dal punto di vista della locuzione. In ogni caso, abbiamo preferito questa soluzione a «omai^vò», in quanto interpretiamo che la combinazione di avverbio e verbo rappresenti un'unità molto meno fragile dal punto di vista dell'intonazione.
144 La desinenza -m presente in «um» (vv. 6, 8) e «ciascum» (v. 14) è un settentrionalismo, quasi certamente dovuto al copista, che risponde, in questi casi, alla rappresentazione grafica degli allofoni di /n/ prima di una bilabiale (v. 6) o di una labiodentale (vv. 8, 14). Tuttavia, questa caratteristica – per quanto rara – non era del tutto estranea all'uso petrarchesco, come testimonia «ciascum passo» (*Rvf* CXXIX, 17).
145 Verso ipermetro, si legga «dovrei» (Coluccia 1975: 93).

sofferenze ospita ora un non specificato «felice pensier» (v. 8), ma quale potrebbe essere questo pensiero e di quale natura? Torraca (1925: 118) propone l'ipotesi di un altro amore, finalmente ricambiato, o della decisione di vivere fuori dal dominio di Cupido dopo la morte dell'amata: queste affermazioni dello studioso napoletano vanno però precisate.

Innanzitutto, va detto che Torraca tratta l'opera di Altavilla come se non ci fosse alcun filtro tra la possibile biografia dell'autore e l'io poetico, tanto da stabilire categorie assolute nella vita del conte basandosi esclusivamente sul contenuto dei suoi versi. In questo senso, è discutibile l'affermazione iniziale sul periodo di composizione del sonetto che, secondo Torraca, sarebbe tra gli ultimi dell'autore e chiuderebbe definitivamente il ciclo vitale sopra citato. Nondimeno, l'esistenza di un «tempo antico» per quanto riguarda il rapporto amoroso non implica di per sé che l'autore – se è veramente il volto che si cela dietro la maschera dell'io poetico – si trovi in una fase avanzata della sua vita, per cui non c'è una ragione valida per affermare che questo componimento sia più tardo rispetto, ad esempio, al sonetto IV, che narra la morte dell'amata; ciò poiché è possibile che la stabilità che, secondo Torraca, l'autore ha raggiunto non fosse definitiva. Teniamo presente, inoltre, che non c'è alcun motivo per pensare – come lo studioso afferma (1925: 118) – che tutti i sonetti del conte siano rivolti alla stessa dedicataria, reale o immaginaria che essa sia.

A sostegno della nostra teoria, sia per quanto riguarda l'audacia nell'identificare l'io lirico con l'autore, sia rispetto ai problemi della presunta maturità del poeta all'epoca della composizione di questo sonetto VII, c'è la lettera di Andreina Acciaiuoli a Donato di Jacopo in cui, ricordiamo, descrive i sonetti del marito (conosciuto all'inizio del decennio del 1350) come «rimas senectorum [...] de hiis que dominus vir noster disperse in iuventute faciebat».

Se diamo piena credibilità alle parole della contessa, potremmo anche confutare la trattazione di Torraca dell'opera poetica del marito come un *continuum*, come una sorta di «mini canzoniere» di stampo petrarchesco con una serie di personaggi ed eventi comuni e costanti in tutti i componimenti, visto che l'Acciaiuoli descrive le rime come «disperse»[146].

---

146 Naturalmente, questa etichetta da parte della contessa non va messa in relazione con il carattere dispersivo cui talvolta si allude parlando delle rime petrarchesche.

L'allontanamento dall'amore terreno e l'ingresso, di conseguenza, in una vita più serena da parte dell'io lirico è il parallelismo fondamentale tra Petrarca e Altavilla che possiamo evidenziare per quanto riguarda l'argomento di questo sonetto. Naturalmente, è necessario specificare che l'abbandono degli elementi terreni, come descritto dall'aretino nei suoi *Rvf* e nei *Trionfi*, si configura come la materializzazione di un progetto filosofico molto più ampio, il cui punto di partenza è l'opera latina di Petrarca, come si evince dai temi principali che articolano il *Secretum*.

Eppure, sebbene l'opera del conte non possa essere paragonata a quella di Petrarca per questa sua enfasi sull'integralità, riteniamo che questo sia il componimento più significativo di Altavilla per le nuove sfumature che, nel suo insieme, apporta ad una produzione, che, essendo stata scritta in un ambiente culturalmente e geograficamente lontano dalle rive dell'Arno, sembra già cogliere le chiavi della cosmovisione petrarchesca. Questi principi sono imitati in molte delle sue fasi e danno origine a una sorta di schema concettuale del Petrarca lirico, elaborato sulla base di ritratti dei diversi stati d'animo descritti dall'aretino nella sua opera. E tutto ciò avviene anche se la sirma di questo sonetto (e soprattutto il v. 14) è uno di quei passaggi che giustificano l'opinione di Sabatini per ciò che riguarda «l'uso maldestro e stravolto della lingua dei modelli» (1965: 128) da parte di questi poeti napoletani.

La fonte fondamentale, e sostanzialmente esclusiva, di questo sonetto viene dal Petrarca lirico; a tal proposito si possono evidenziare due diversi tipi di influenze. Da un lato, gli echi di versi completi dell'opera petrarchesca e, più specificamente, dei *Rvf*, utilizzati da Altavilla, al di là dei puri prestiti lessicali, con l'obiettivo di imitare le idee che questi accostamenti avevano nei loro contesti originari. È il caso, ad esempio, del verso «rroto dagli anni, et dal camino stanco» (*Rvf* XVI, 8), la cui traccia sembra nascondersi dietro l'incipit altavillano. Lo stesso si potrebbe dire di «siede 'l signore, anzi 'l nimico mio» (*Rvf* CLXXXIX, 4) in relazione al terzo verso del sonetto del conte; o di «mercè chiamando» (*Rvf* XXIII, 63), un'idea che si riflette in «chiamando [....] mercè» (vv. 3–4). Infine, l'enumerazione degli elementi naturali in «O poggi, o valli, o fiumi, o selve, o campi» (*Rvf* LXXI, 37) sembra trovarsi dietro l'equivalente «pogi, valli, aspre silve e vie silvage» (v. 10) (Coluccia 1975: 94), i cui elementi, oltre alla canzone citata, rimandano al celebre sonetto XXXV dei *Rvf*, più precisamente al

v. 12, dove si legge «Ma pur sí aspre vie né sí selvagge», e nel quale sono presenti gli elementi lessicali che servono alla costruzione della seconda parte del verso del conte. Al di là di questa eco, l'idea della fuga verso la natura e del nascondersi in essa è un tratto comune tra *Rvf* XXXV e la prima terzina del nostro sonetto.

Il secondo tipo di influenza petrarchesca si denota dall'uso di sintagmi o di termini dell'opera dell'aretino. Come spesso accade, questo insieme è piuttosto ampio, anche se in molti casi è difficile stabilire in che misura gli elementi qualificati come petrarcheschi siano stati consapevolmente utilizzati dal poeta in quanto tali. Coluccia (1975: 94) sottolinea il caso del binomio «tempo antico» (v. 2), presente in *TF* I, 29. Inoltre, riteniamo che l'uso del termine «scorza» (v. 12) quale metafora delle cose della vita passata che vengono messe da parte per affrontare un cambiamento abbia a che fare con le apparizioni di questa stessa parola in *Rvf* CXXVII, 35; CLXXX, 1 o CCLXXVIII, 3.

Il sonetto VIII del conte di Altavilla, che si trova integralmente nel f. 64 v. del codice, comincia con il verso «Oimè, alma gentil, perché mi guardi»[147]:

> Oimè, alma gentil, perché mi guardi,[148]
> perché m'uccidi e perché mi distrugi?
> Volgiti nel mirar, tornati o fugi;
> non sai che porti 'l foco ove tu m'ardi?
> Con soavi disdegni e dolci sguardi,[149]
> come la neve al sole, mi slegui e turgi[150]
> e tu, corpo crudel, t'incangi e mugi[151].

---

147 Sonetto con terzine di tre rime, le prime due invertite e la terza replicata, dando così origine allo schema ABBAABBACDEDCE. Edizioni precedenti: Torraca (1925: 116) e Coluccia (1975: 94).
148 Verso ipometro, si legga «Oimè, ͮalma» (Coluccia 1975: 94).
149 Verso ipometro, si legga «söavi», con dialefe. Si veda Maramauro II, 10.
150 Verso ipermetro, si legga «sol», con apocope letteraria. Coluccia (1975: 94) sottolinea l'assonanza della rima di questo verso rispetto alla rima B del sonetto. Secondo l'autore, e noi siamo d'accordo con la sua teoria, dovremmo pensare a una corruzione del verso, che probabilmente in origine utilizzava il termine «strugi», che si adatta sia al contesto semantico sia allo schema della rima.
151 Se il termine non ha subito alcuna corruzione, come indica Coluccia (1975: 94), «mugi» deriverebbe da «mugire», voce che – pur fornendo gli

> Vuo' tu ch'io moia? Or sia tosto e non tardi.[152]
> Sol un dolce sospir tracto d'amore
> uscisce dal tuo pecto al mio martiro,
> sarei vago morir fra tanta guerra.
> M'io piango e poco valmi, e, s'io sospiro,
> cresce mia pena e doppia ogni dolore,
> finché fian queste membra sparte in terra.

Questo sonetto continua la prolifica linea tematica della sofferenza per l'amore non corrisposto e inoltre possiede una serie di elementi che lo caratterizzano e gli conferiscono una certa originalità rispetto ai tratti specifici di questa tradizione. Ne è esempio il fatto che lo sguardo dell'amata sia la causa principale del dolore dell'amante, poiché fissare gli occhi sull'io poetico è l'unica azione che la dama compie volontariamente e che ha come effetto la morte e la distruzione (v. 2) dell'amante, al punto che egli giunge ad implorarla di essere sollevato dal peso di quegli occhi (vv. 3–4). Questo è senza dubbio un altro elemento di novità rispetto alla tradizione petrarchista, perché di solito l'io lirico lamenta proprio la cosa opposta, ovverosia che la donna lo ignori e che non gli presti alcun'attenzione.

L'io lirico definisce queste attenzioni che la donna gli dedica come «soavi disdegni» (v. 5), sottintendendo, appunto, la dualità della loro natura: il contrasto tra la positività di questi segni di attenzione – soprattutto per l'amore provato nei confronti della persona da cui vengono – e l'inarrestabile dolore che essi provocano nel soggetto che li riceve: sebbene queste attenzioni evidenzino che egli viene preso in considerazione dalla donna, tuttavia è chiaramente denotabile un salto ontologico tra ciò che l'amante è e ciò che *vorrebbe essere* per lei.

La seconda quartina si apre con la descrizione di questi «soavi disdegni e dolci sguardi», che creano un parallelismo lessicale dal curioso effetto semantico poiché – da un punto di vista manicheo e strettamente denotativo – il primo elemento potrebbe essere anche considerato negativo (per

---

elementi necessari nel contesto della rima B – contrasta sul piano semantico del verso.

152 Verso ipometro. Coluccia (1975: 94) consiglia di considerare «moia» come un bisillabo. Ciononostante, a nostro avviso, sarebbe più appropriato, in accordo con la dualità grammaticale del verso, inserire una dialefe dopo la domanda retorica, leggendo «moia?^{V}Or».

quanto sarebbe possibile sostenere che questo effetto è mitigato dall'aggettivo «soavi»), mentre il secondo sintagma (in virtù del peso dell'aggettivo sul sostantivo) potrebbe essere recepito come elemento positivo. Lasciando da parte la lettura denotativa e tenendo conto di quanto detto sopra, la sofferenza che le azioni della donna provocano sull'amante ci dà possibilità di stabilire un parallelismo tra i due elementi non solo di natura lessicale ma anche semantica, in quest'ultimo caso non sul piano denotativo ma bensì su quello connotativo. Questa ipotesi si conferma ancor più chiaramente se si considerano gli effetti disastrosi che il comportamento della donna produce sull'io poetico, tanto da portarlo a invocare la rapida presenza della morte (v. 8).

La prima delle terzine apre una parentesi rispetto ai tormenti e le sofferenze, poiché all'inizio della sirma viene presentato uno dei rimedi che potrebbero dare un significato alle vane pene dell'amante: «un dolce sospir tracto d'amore» (v. 9) da parte dell'amata. In questo senso, possiamo notare che il sintagma è costruito parallelamente rispetto a quelli che aprivano la seconda quartina e che, inoltre, è introdotto dallo stesso aggettivo che chiudeva il v. 5. A questo proposito, si crea un nuovo rapporto di parallelismo con diverse sfumature tra le due combinazioni: «dolci sguardi», come abbiamo detto, costituisce un sintagma denotativamente positivo, ma ha un carattere negativo se interpretato in base agli effetti che provoca sull'io poetico. D'altra parte, qualcosa di simile accade con «dolci sospir», che potrebbe essere interpretato come un ossimoro in quanto presuppone che il sospiro sia causato da un'amarezza d'animo ma, dal punto di vista dell'amante, l'emissione del sospiro da parte della dama sarebbe chiaramente un elemento dolce e piacevole giacché implicherebbe una corrispondenza nei sentimenti.

La seconda quartina chiude la parentesi inaugurata all'inizio della sirma e riporta l'io poetico alla sua dura realtà; si rende infatti conto che gli unici sospiri che può aspettarsi sono quelli che vengono da se stesso (v. 12) che, lungi dal lenirgli il dolore, lo aggravano (v. 13) e che, inoltre, tale condizione si manterrà così fino al momento della morte (v. 14).

Passando alla questione relativa alle influenze petrarchesche nel sonetto, il primo elemento riscontrabile che si trova nel corpus del Petrarca lirico è quello espresso dal conte al quarto verso, ossia quando si dice che l'amante brucia come conseguenza dell'amore. Sebbene questo motivo venga ripetuto in più occasioni in tutti i *Rvf* (Coluccia 1975: 94), l'esempio più vicino al nostro testo è in CCLXXIII, 4 «giugnendo legne al foco ove tu ardi?». Oltre all'evidente equivalenza tra le seconde metà dei versi di Altavilla e di Petrarca, è da notare che le parole che compongono la rima B (di cui questi versi fanno parte) sono le medesime in entrambi i componimenti e per di più sono distribuite nello stesso ordine.

Il motivo della neve che si scioglie al sole (v. 6) come simbolo della decomposizione dell'anima dell'amante di fronte alla dama, è un altro luogo comune presente in diversi passi dei *Rvf*, come in XXIII, 115; XXX, 10; LXXI, 24 o CXXXIII, 2. A tal proposito, possiamo affermare che nella poesia amatoria italiana l'immagine della neve in quanto metafora sia stata definita da Petrarca nel suo Canzoniere, dato che, tra gli autori stilnovisti, è sempre stato un elemento piuttosto infrequente[153].

Per quanto riguarda l'uso in questo sonetto di elementi o combinazioni lessicali di origine petrarchesca, oltre all'«anima gentile» (v. 1), di cui abbiamo già parlato[154], spiccano «dolci sguardi» (v. 5), presente in *Rvf* CCLIII, 1 e CCLXXIII, 5; «dolce sospir» (v. 9), che rimanda a *Rvf* CCCXXII, 14 e «tanta guerra» (v. 11), utilizzato in *Rvf* CCCII, 7 e CCCXVI, 2[155]. Oltre a questi accostamenti, che non sono solo petrarcheschi, ma bensì frequenti nella tradizione letteraria, troviamo due casi in cui, pur comparendo i sintagmi presenti nell'opera dell'aretino, sono già stati precedentemente utilizzati da Dante. È il caso di «sarei vago», *Inf.* VIII, 52 e *Rvf* LXXX, 33 (Coluccia 1975: 94) e di «doppia ogni dolore», *Inf.* XIV, 39 e *Rvf* CCCXXXII, 39.

Per quanto riguarda le occorrenze pre-petrarchesche, non abbiamo trovato nessuna traccia significativa, a parte quelle che convergono nel mondo dei *Rvf*. Coluccia (1975: 95) fa notare a tal proposito che «membra sparte» (v. 14) potrebbe risalire a *Purg.* XII, 33 («mirar le membra de' giganti sparte»), anche se forse si tratta di un'affermazione un po' azzardata se si tiene conto che riguarda un gruppo lessicale che compare in una sola

---

153 In questo senso, colpisce come il termine compaia un totale di ventisette occasioni nell'insieme dei *Rvf* (24 «neve» + 3 «nevi»), mentre in Cavalcanti si trova soltanto una volta (III, 6).
154 Si veda Altavilla III, 2 e VI, 11.
155 Quest'ultimo caso è indicato da Coluccia (1975: 94).

occasione in tutta l'opera dantesca e che, inoltre, non forma un sintagma come nel caso del conte.

Il nono sonetto altavillano, che inizia con il verso «Silve pien di sospiri, valli di pianto»[156], è conservato tra i ff. 64 v. e 65 r.[157] del codice:

> Silve pien di sospiri, valli di pianto,[158]
> strade colme di doglio ch'i' calca' o preme',[159]
> pin sì fiorito, solo, vedove enseme[160]
> piagie amate d'amor so ben'io quanto.
> Qual miracol dal ciel quel viso sancto
> mi rappresenta, ancor che giaccie e treme?
> Ospide vie, già di futura speme
> qui perdo i sensi, al rimirar il canto.
> Poi, odo mormorar l'acqua d'un fiume,[161]
> l'aura entro i boschi e ragionar d'amore
> li felici augelecti, ognum s'accorda.
> Tragemi 'l gran disio, con vago errore,
> mille volt' il dì a mort', e tal costume
> mi piace, e del mio mal non mi ricorda.

Il tema della natura è già presente nella poesia amatoria dai tempi della *fin'amors*. Un *topos* della lirica trovadorica è quello della primavera, che simboleggia, per parallelismo od opposizione, lo stato d'animo dell'io lirico. Analogamente, il Dolce Stil Novo propose già numerosi riferimenti al mondo naturale in modo molto più complesso ed organico rispetto alle correnti precedenti, utilizzando lo scientismo dei bestiari, dei lapidari e dell'astrologia per costruire metafore e simboli del tutto inediti e riferiti, soprattutto, alla bellezza della donna. Allo stesso modo, in alcune canzoni

---

156 Sonetto con lo stesso schema del precedente, vale a dire, con terzine di tre rime, le prime due invertite e la terza replicata, dando così origine allo schema ABBAABBACDEDCE. Edizioni precedenti: Torraca (1925: 117) e Coluccia (1975: 95).
157 La divisione avviene tra il paratesto che specifica la paternità del componimento e il primo verso del sonetto.
158 Verso ipermetro, si legga «sospir».
159 Verso ipermetro irriducibile. Si tratta del primo caso di questo tipo trovato finora nella poesia altavillana.
160 Verso ipermetro. Per ripristinare l'endecasillabo consigliamo di introdurre – come nel v. 1– l'apocope letteraria per leggere «sol».
161 Verso ipometro, si consiglia di inserire una dialefe per leggere «Poi^{v}odo».

dantesche, la natura ispira immagini pregnanti che, seguendo il procedimento della fallacia patetica, vanno stabilendo analogie tra il paesaggio e i sentimenti del poeta. In questo senso, la natura può offrire alcuni termini di riferimento, ma è chiaro, in questi e in altri casi, che la dualità «natura *vs.* io lirico» si presenta come un fenomeno indiscutibile, come un assioma.

Nella poesia petrarchesca, inoltre, la concezione della natura come luogo in cui rifugiarsi dalle pene d'amore o in cui fuggire ha un certo carattere ricorrente; ma ciò non si avvera sempre, poiché molto spesso gli elementi naturali procellosi sono lo specchio delle tribolazioni dell'amante (si ricordi il caso di *Rvf* XXXV, 9–11).

Quest'ultimo è proprio l'aspetto da cui il conte di Altavilla prende spunto per questo sonetto. Il mischiarsi dei sentimenti dell'io lirico con gli elementi della natura che appaiono sulla sua fronte fa sì che il sentimento passi dall'essere una caratteristica particolare dell'individuo a manifestarsi come un tratto universale, presente ovunque, e che si afferma come realtà esterna, come uno scenario composto di elementi che diventano financo tangibili.

È all'interno di questo rifugio che avviene la comunione con l'amato (vv. 5–6), introdotta dal sintagma «miracol dal *ciel*»[162], aggiungendo così un nuovo elemento naturale all'ampio elenco, ma con la differenza che, in contrasto con la descrizione eminentemente orizzontale di quasi tutti gli elementi del poema, si aggiunge una componente di verticalità che pone in evidenza le differenze ontologiche tra le sfere dell'amante e dell'amata, riflesse in questo caso nel binomio «terra *vs.* cielo», rielaborazione di quell'altro «vita terrena *vs.* vita celeste».

Sulla base di questa prima metà del poema, possiamo affermare, come nella poesia petrarchesca in generale, che il paesaggio diventa espressione dello stato d'animo dell'io poetico, aggiungendo, come afferma Friedrich, che

> condizione psicologica, atteggiamento corporeo, paesaggio sono in completo accordo fra di loro, ed è difficile a dirsi che cosa si imprima più profondamente nella memoria, se il passo misurato o lo stanco conforto, perché ambedue sono una cosa sola ed esprimono quella compenetrazione di anima e oggetto che è un privilegio della lirica (1974: I, 216).

---

162 Il corsivo è nostro.

Siamo convinti però questa affermazione non sia valida per la sirma, poiché l'avverbio temporale con cui inizia la prima terzina evidenzia una svolta: forse come conseguenza della comunione con l'amata, il paesaggio intorno all'amante diventa piacevole, trasformandosi nel classico *locus amoenus* che contraddistingue tanti componimenti della poesia rinascimentale. All'interno di questa nuova ambientazione, per la prima volta nell'intera composizione, i sentimenti dell'io lirico emergono senza mezzi termini. La sua espressione è marcatamente negativa e conduce – come in molte altre occasioni – alla morte (v. 13); ciononostante, l'inserimento di questi elementi in un contesto positivo, fa sì che la percezione cambi e che si riesca a trasformare il dolore in sereno piacere («e tal costume / mi piace, e del mio mal non mi ricorda», vv. 13-14) attraverso una fallacia patetica all'inversa[163] che conferisce al poema nel suo complesso una struttura tematica a chiasmo[164].

Le fonti che sembrano essere servite a Bartolomeo di Capua come punto di partenza per la composizione di questo sonetto sono fondamentalmente petrarchesche. Per quanto riguarda l'origine di alcune idee ed elementi che spiccano nel poema, *Rvf* CCCI è, secondo Coluccia (1975: 95), la fonte principale. In questo sonetto petrarchesco c'è anche un'unione *post mortem* tra l'amante e la donna in un ambiente naturale (vv. 12-14); parimenti, ci sono diversi elementi comuni tra i due componimenti, come le valli tristi («valli di pianto», A IX, 1; «valle che de' lamenti miei se' piena», *Rvf* CCCI, 1), il «fiume» (A IX, 9; *Rvf* CCCI, 2) o l'aria («l'aura», A IX, 10; «aria de' miei sospir», *Rvf* CCCI, 5). Non siamo però d'accordo con lo studioso italiano nell'evidenziare *Rvf* CCCI come una fonte particolarmente degna di nota, perché – come si vede – gli elementi che accomunano i due componimenti potrebbero non essere definitivi, essendo *topos* ricorrenti di questo tipo di poesia. Tali caratteristiche sono anche condivise da altri testi petrarcheschi, come *Rvf* CXXIX, canzone in cui troviamo anche la

---

163 Se in questi casi è normale che lo stato d'animo dell'io poetico si trasmetta alla natura, nella sirma di questo sonetto è lo stato della natura a condizionare l'umore dell'io lirico.
164 In questo senso, la struttura del sonetto potrebbe essere: [Fronte] Pessimismo interno > Paesaggio negativo; Comunione con l'amata; [Sirma] *Locus amoenus* > Ottimismo interno.

comunione con l'amata in seno alla natura (vv. 27-29) e altri elementi comuni a entrambi gli autori, tra i quali è da notare come unica testimonianza –quasi un *hapax* simbolico – il pino (A IX, 3; *Rvf* CXXIX, 27).

In termini simili si può parlare della prima terzina, che richiama sia *Rvf* CCLXXX, 9-10 che *Rvf* CLXXVI, 9-11 (Torraca 1925: 117), soprattutto nel mormorio dell'acqua (A IX, 9; Rvf CLXXVI, 10-11).

Come abbiamo già sostenuto, non crediamo che l'ispirazione per questa poesia sia venuta dalla lettura e dalla successiva imitazione di un componimento specifico, ma piuttosto va intesa come il risultato della rielaborazione da parte del conte di poesie con temi simili che egli conosceva. Tuttavia, sarebbe proprio in questa fase che entrerebbe in gioco l'influenza dell'aretino, poiché, come abbiamo affermato all'inizio, il rifugio nella natura e, soprattutto, la comunione ultraterrena dell'amante e dell'amata nel mondo naturale sono innovazioni fondamentalmente petrarchesche.

Questa concezione non pretende negare l'impronta concreta di alcuni componimenti di Petrarca, che si imprime nel sonetto altavillano attraverso evidenti parallelismi lessicali, alcuni dei quali già evidenziati da Coluccia (1975: 95). È il caso, ad esempio, di «quel viso sancto» (v. 5), che rimanda a *Rvf* CXXXV, 43; CLXXVI, 11 e CCLII, 5, di «gran disio», presente in *Rvf* CXVII, 13; CXL, 6; CLI, 4 e *TA* IV, 161, oppure di «con vago errore» (v. 14), riportato in *Rvf* CXVII, 13; CXL, 6; CLI, 4 e *TA* IV, 161. Altri sintagmi, come «l'aura», non necessitano alcuna menzione in quanto ben noti.

Per quanto riguarda le fonti anteriori all'aretino, vale solo la pena notare che il «ragionar d'amore / li felici augelecti» (vv. 10-11) si riferisce probabilmente al cavalcantiano «cantar d'augelli e ragionar d'amore» (III, 3).

Se tralasciamo le possibili influenze del testo per invece analizzare alcuni dei suoi componenti, risulta chiaro che le imperfezioni metriche (fondamentalmente l'impossibilità di ridurre ad un endecasillabo il v. 2) e quelle lessicali-semantiche (in particolare la mancanza di significato del sintagma «rimirar il canto» nel v. 8) potrebbero indicare che ci troviamo davanti ad uno dei primi sonetti del conte, le cui capacità linguistiche e letterarie dovevano ancora maturare per raggiungere poi la padronanza formale che altri suoi componimenti attestano.

Il decimo sonetto del conte di Altavilla, che inizia con il verso «Mezo non mai, ma tucto 'l corpo e l'alma»[165], è contenuto tra i ff. 65 r. e 65 v. del codice[166]:

> Mezo non mai, ma tucto 'l corpo e l'alma
> già io diedi ad altrui, mal mio grato;[167]
> non so se 'l mio voler, forse 'l mio fato,
> risposta ogni quel'amorosa salma.[168]
> Ma quel vago splendor di quella palma
> chiama ogni amico altier, acciò menato;
> rimase um spiritello innamorato
> da l'amica d'Amor, altiera et alma,
> lo qual mi pinge e va cercando il core
> com'a suo propio albergo; e spero e tremo
> ca[169] spess'acqua à cavato 'l duro marmo.
> Huomo son io, ma rado al luogo extremo
> corro sanz'arte e poi ridico: «Amore
> vince chi vuole», di che speranza io m'armo.[170]

Nonostante le difficoltà di interpretazione di questo componimento, dovute per una parte significativa alle lacune semantiche del testo, possiamo dire che in questo sonetto l'io lirico afferma di essersi abbandonato completamente all'amore, anche se il fatto di averlo fatto gli pesa addosso a causa del dolore che sta patendo (vv. 1–4). Dopo questa affermazione iniziale, il tono del componimento subisce una battuta d'arresto a causa della congiunzione avversativa che dà inizio alla seconda quartina, dove vengono messi in luce i vantaggi dell'innamoramento, rappresentati dalla palma come

---

165 Sonetto di struttura simile ai due precedenti, cioè secondo lo schema di rima ABBAABBACDEDCE. Edizioni precedenti: Torraca (1925: 114) e Coluccia (1975: 95–96).
166 La divisione ha luogo tra i vv. 10 e 11.
167 Verso ipometro incorreggibile. L'unico modo per convertire il novenario in un decasillabo e quindi avvicinarlo alla struttura endecasillaba prevista è tramite l'inserimento di una dialefe per leggere «già˅io».
168 Verso senza senso, molto probabilmente vittima di qualche corruzione. Torraca (1925: 114) propone la lettura «rispost'à qui», coerente con la mancanza di verbo che presenta questa struttura. Dopo aver esaminato il ms., riteniamo che – almeno in base alle particolarità ecdotiche – una tale lettura sia difficile da difendere.
169 Congiunzione causale. Per l'origine della voce, si veda Altavilla III, 8 (nota).
170 Verso ipermetro, si legga «vuol» con apocope letteraria.

simbolo della vittoria dell'amore, e soprattutto entra in scena l'inevitabilità della nascita di tale sentimento, date le caratteristiche della donna (v. 8) e la forza che esse hanno acquisito sull'io poetico (v. 11). Anche in questo caso, nonostante le difficoltà interpretative, si può notare che la fine della sirma (l'ultima terzina) presenta una nuova rottura con il tema precedente in termini oppositivi poiché l'amante sostiene che, nonostante l'amore sia inespugnabile, è possibile comunque affrontarlo, fatto che gli fa recuperare la speranza di poter vivere ancora lontano da tutte queste tribolazioni.

Per quanto riguarda gli echi di questo sonetto, se negli ultimi componimenti analizzati abbiamo sottolineato l'influenza eminentemente petrarchesca, in questo filone, seppur sia presente, è certamente meno rilevante rispetto alle correnti liriche precedenti. Così, Torraca (1925: 114) mise già in evenienza le reminiscenze siculo-toscane dello «spiritello innamorato» (v. 7), che rimanda a Dante, *Convivio* II, 10, 4 e al v. 10 del sonetto «Gentil pensero che parla di vui» presente in *Vita nova*, XXXVIII. D'altra parte, l'idea espressa all'inizio della sirma (vv. 9–10) sul modo in cui il sentimento d'amore cerca la sua residenza nel cuore dell'amante potrebbe essere dovuta all'influenza stilnovista e al modo in cui, secondo questa scuola, l'amore dimora nelle anime pure. Infatti, il modo in cui la forza dell'amore abbatte ogni barriera che l'amante vuole opporgli (vv. 10–11) può essere riscontrato anche in Cavalcanti (IX, 7–8), quando Amore informa l'io poetico che «tu non camperai, / ché troppo è lo valor di costei [la donna] forte». Va però detto che l'immagine dell'acqua che consuma il marmo come metafora del potere dell'amore per penetrare nel cuore è assolutamente nuova e originale, poiché non abbiamo trovato alcun riscontro di natura simile nel corpus di testi analizzati come possibili fonti altavillane.

In questo panorama, le reminiscenze petrarchesche si collocano in una sfera molto più esterna rispetto al significato complessivo del poema, limitandosi a combinazioni lessicali o a singoli termini che potrebbero dirsi banali in quanto costituiscono unità marginali dal punto di vista del contenuto del sonetto. È il caso, ad esempio, del termine «salma» (v. 4) secondo l'accezione, come dice Coluccia, di «carico (amoroso)» (1975: 96), presente in *Rvf* LXXI, 79; XCI, 9; CCLXIV, 55; CCLXXVIII, 13 e CCCXIV, 13. Lo stesso vale per la «palma» come simbolo della vittoria dell'amore (v. 5), che l'aretino utilizza in *Rvf* CCXXX, 12; CCXCV, 11 e CCCLIX, 7, 49. Anche l'aggettivo «vago» (v. 5) precedendo un sostantivo semanticamente legato alla luce (come avviene in questo caso con «splendor»), è relativamente frequente nei *Rvf*, come testimonia la sua combinazione con «lume» in XC, 3 o CXXV, 68; con «luce», CCVII, 74; o con i «vaghi raggi» di CLXXV, 3. Lo stesso accade con il sintagma «sanz'arte», presente in *Rvf* XLII, 10. Ribadiamo però che il carico semantico di questi elementi in relazione al sonetto nel suo complesso è molto limitato, per cui l'impronta petrarchesca non va considerata in questo caso parimenti a come l'abbiamo trattata nei componimenti precedenti.

Il verso «Amor negli alti cuor triumpha e gaude»[171] apre l'undicesimo sonetto di Bartolomeo di Capua, raccolto integralmente nel f. 65 v. del codice:

> Amor negli alti cuor'[172] triumpha e gaude,[173]
> c'a ne' bassi posar fama si perde,
> come Ren, Ebro in mar, Po, Nil e 'l Verde,
> perdon il nome onde ciascun su plaude.
> Ma voi, corpi beati pien di laude,[174]
> set' albergo d'amor ca[175] non si perde;
> però nel 'tà[176] humil, fiorita e verde,
> chi più siegue valor più lode s'aude.
> O bel finir, o bel vivere alegro
> che è morir amando, o pietos' alma[177]
> che 'l ciel miraculosament' amaga!
> S'un giorno, un'ora, un solitario intègro
> punt' io l'avesse, inchinaria la palma
> ch'a sol in lei pensar, l'alma s'appaga.

---

171 Sonetto con terzine di tre rime ripetute che crea, dunque, lo schema ABBAABBACDECDE. Edizioni precedenti: Torraca (1925: 116) e Coluccia (1975: 96).
172 Si noti l'uso atipico dell'apocope letteraria «cuor'» con il sostantivo al plurale, che nei *Rvf* compare solo due volte: CLXV, 5 e CCXIII, 9.
173 Verso ipometro. Secondo la tradizione petrarchesca, si legga «trïumpha», con dieresi, per ripristinare l'endecasillabo.
174 Verso ipometro. Per le stesse ragioni indicate al v. 1, si consiglia di leggere «bëati».
175 Pronome relativo. Cfr. Altavilla III, 8 e X, 11.
176 «Età», si noti l'aferesi della *e-* iniziale.
177 Verso ipometro, si consiglia la lettura «amando^{v}o», la cui dialefe aiuterebbe anche a separare l'ultima delle esclamazioni di questa prima quartina che, dal punto di vista semantico, costituisce una categoria indipendente dalle due precedenti.

Se nel sonetto precedente si parlava di echi stilnovisti, in questa composizione l'influenza del Dolce Stil è del tutto evidente sin dall'inizio e rimarrà tale per tutta la fronte del componimento. La suddetta idea del cuore gentile come sede naturale dell'amore è alla base non solo della nuova poetica, ma dell'intera visione del mondo inaugurata da Guinizzelli e proseguita da Cavalcanti, secondo cui questi due elementi non sono che due qualità diverse della stessa sostanza.

È proprio questo lo sfondo teorico che sembra essere alla base delle quartine di Altavilla. Tuttavia, il conte non espone questa idea in modo lineare, ma, limitandosi al suo significato positivo all'inizio del sonetto, analizza il fenomeno opposto nei vv. 2–4, per tornare sull'idea iniziale, questa volta in termini più precisi, dopo la congiunzione avversativa che apre la seconda strofa. Le due quartine costituiscono la base teorica e oggettiva del sonetto, la cui trasposizione sul piano soggettivo darà luogo alla sirma del componimento, che può essere suddivisa in due parti coincidenti con le due terzine che la formano. La prima è caratterizzata da esclamazioni retoriche, prima e più immediata conseguenza dell'assimilazione da parte del soggetto dei principi teorici che regolano la fronte. In contrasto oppositivo, questi sentimenti insopprimibili, attraverso i quali l'io poetico fa sentire la sua voce, si trasformano con un uso della prima persona singolare nella seconda terzina (v. 13).

Questo cambio di prospettiva va di pari passo con una variazione delle fonti utilizzate per costruire il sonetto: dagli stilnovisti e dalla loro concezione ontologica si passa al Petrarca dei *Rvf* e alla sua visione dell'amore in relazione alla vita umana. Così troviamo che, negli ultimi sei versi del componimento, la poesia si costruisce su idee di chiara impronta petrarchesca, come l'utilità della morte mentre la fiamma d'amore arde (vv. 9–10) o il potere, quasi sempre taumaturgico, della donna nell'alleviare le tribolazioni dell'amante (vv. 10–14).

L'origine petrarchesca della prima di queste idee era già stata evidenziata da Torraca (1925: 117) in occasione della prima pubblicazione di questo testo. I versi altavillani trovano paralleli nei *Rvf* CXL, 14; CLXXI, 4 e CCVII, 65, 91. Quanto alla forza dell'amata di placare il tormento dell'amante, forse il riferimento fondamentale tra il sonetto del conte e la lirica petrarchesca è la somiglianza tra l'ultimo verso di questa poesia e *Rvf*

LXXV, 6 («ch'un sol dolce penser l'anima appaga»), al punto che forse sarebbe lecito parlare di una copia diretta[178].

Nonostante quanto detto finora, non si deve pensare che l'influenza dell'aretino si debba limitare alla sfera della «struttura poetica profonda» del componimento; al contrario, oltre ad essere fonte di molte delle idee motrici del sonetto altavillano, Petrarca è responsabile di alcuni elementi puramente testuali fin dalla prima quartina. È quanto accade con l'elenco dei fiumi del v. 3, procedura utilizzata anche lungo la prima quartina di *Rvf* CXLVIII, o con la combinazione «'tà humil, fiorita e verde» (v. 7), che sembra riecheggiare analoghi sintagmi in *Rvf* CXXV, 74; CCCXV, 1; CCCXXV, 92 e CCCXXXVI, 3 (Coluccia 1975: 97).

La presenza in entrambi i piani strutturali poetici – profondo e superficiale – dell'impronta petrarchesca non è una caratteristica condivisa dai riferimenti stilnovisti. Così, se in Altavilla X abbiamo parlato della presenza di elementi o combinazioni lessicali che hanno radice nel Dolce Stil Novo, in quest'undicesimo sonetto questi termini non vanno oltre quelli che, logicamente, sussumono il concetto di nobiltà morale dell'amore che funge da punto di partenza per la poesia. Non citeremo questo tipo di voci perché, data la loro generalità, non si può nemmeno affermare che siano precipue del movimento letterario a cui ci riferiamo.

L'ultimo dei sonetti del conte di Altavilla raccolti nel codice Gadd. Reliq. 198 inizia con il verso «Valli e fiumi d'amor, pogi fioriti»[179] ed è contenuto tra i ff. 65 v. e 66 r. del ms.[180]:

---

178 La possibilità di questa «copia» o parafrasi con un referente chiaro e diretto contrasta, nello stesso momento in cui convive – in questo e in altri casi – con tutti quegli echi dietro i quali si nascondono influenze più o meno evidenti che potrebbero portarci a considerare l'opera di questi autori come una sorta di compendio di «traduzioni adattate», cioè come rielaborazioni di un insieme eterogeneo di fonti primarie al di là di semplici testi indipendenti. Naturalmente, in una simile concezione del fenomeno lirico entrerebbero in gioco una miriade di componenti, tra cui il concetto di imitazione e il suo valore nell'epoca in cui il testo è stato composto.

179 Sonetto con terzine di tre rime, le prime due invertite e la terza replicata, dando così origine allo schema ABBA ABBA CDEDCE. Edizioni precedenti: Torraca (1925: 112–13) e Coluccia (1975: 97). Sicuramente per una svista, quest'ultimo autore definisce il presente componimento come un «sonetto con terzine di tre rime ripetute».

180 La divisione avviene tra i vv. 4 e 5 del sonetto.

> Valli e fiumi d'amor, pogi fioriti,
> aire dolce e gentil, vago e sereno
> ov'Amor mi ponea la sella e 'l freno,
> calzandosi li sprun forti e puliti.
> Poi chi m'avea del tuct'a soi partiti,
> cavalcando mi gia per aspro terreno[181]
> dandomi per li fianchi ognor veleno,
> mille colpi a furor pronti e uniti.[182]
> Poi c'una ferza mi gia in man frustando;
> odi ventura mia, c'amblo né trocto
> non potea far alcum che li piacesse.
> Poi mi vedea cader fiancato e rocto,
> lasciavami solecto lacrimando:
> quest'era 'l più gran ben che di lui avesse.

La personificazione dell'amore non è, come abbiamo visto, una novità in questo poema, dato che appare in altri componimenti altavillani. Allo stesso modo, va ricordato che non si tratta di una risorsa innovativa nella lirica italiana, dal momento che, per citare ancora Torraca, costituiva – già ai tempi del conte – uno di quei «motivi familiari alla lirica nostra, prima ancora del Petrarca» (1925: 112).

Tuttavia, il modo in cui questo sonetto in specifico sviluppa questa idea ci pare del tutto originale nella tradizione della lirica amatoria: abbiamo visto diversi casi in cui Amore è trattato come un altro individuo estraneo all'amante e all'amata, e fondamentale nel sentimento amoroso al punto che si potrebbe addirittura supporre l'esistenza di un triangolo amoroso. Allo stesso modo, non ci è estranea la tipologia di poesie in cui l'amante non corrisposto e Amore discutono delle difficoltà che la conoscenza della donna ha comportato. Ci sono anche molte occasioni in cui l'amore, sia nel suo aspetto antropomorfo sia come sentimento che proviene dall'amante e non si riflette nella donna, tortura l'io lirico, che arriva a somatizzare il dolore del suo spirito. Inoltre, per quanto ampi, originali e fantasiosi possano essere i ruoli che il soggetto può ricoprire in tali funzioni, la sua trasformazione in un cavallo cavalcato e fisicamente torturato da Amore si pone come un'immagine tipicamente altavillana, e implica una tale novità

---

181 Verso ipermetro irriducibile.
182 Verso ipometro, consigliamo di leggere «pronti *et* uniti».

da potersi dire vicina al «grottesco» – per usare il termine utilizzato da Torraca (1925: 112) – di alcune metafore barocche.

Questa originalità concettuale è completata da una serie di fonti testuali eminentemente petrarchesche che si intrecciano con altri elementi della raccolta del poeta per andare a formare la struttura superficiale della composizione. Tra le componenti preesistenti a Bartolomeo di Capua, possiamo segnalare l'incipit del sonetto stesso, che è parallelo ad alcuni versi di Petrarca, come *Rvf* LXXI, 34; CXLII, 25 o *TA* III, 114[183], la cui enumerazione di elementi naturali può rimandare ad alcune composizioni della lirica occitana[184].

A questa possibile influenza del primo verso si aggiungono le analogie – già segnalate da Torraca (1925: 113) e Coluccia (1975: 97)– tra i vv. 2–3 e *Rvf* CXXVI, 10–11. Il repertorio naturale del verso liminare del sonetto, costituito da elementi fisici e tangibili, giunge al suo culmine facendosi paesaggio reale e vivente attraverso questo inserimento etereo che, inoltre, funge da ponte tra il mondo fisico precedente e la presentazione di Amore come personaggio. In certa misura, anche le metafore equine dell'amore trovano un riferimento nell'opera aretina, in particolare in *Rvf* CLXI, 9–10. Ma, come abbiamo precedentemente detto, il grado di sviluppo che questa immagine acquisisce nella poesia altavillana trasforma tale precedente in un evento meramente aneddotico, tanto che si potrebbe dire che entrambe le scene hanno in comune solo la presenza di alcuni elementi, come le redini («freno», A XII, 3; «fren», *Rvf* CLXI, 10) o gli speroni («sprun», A XII, 4; «sproni», *Rvf* CLXI, 10).

Dopo aver visto i componimenti del conte di Altavilla, resta da affrontare la questione della loro datazione. A questo proposito, Torraca non fornisce dati attendibili, poiché – come è stato detto – identifica il conte di Altavilla non con Bartolomeo di Capua, ma con il figlio primogenito, Luigi (1925: 108–11), motivo che lo induce a trasporre i sonetti nel contesto

---

183 Lo stesso Petrarca evidenziò le analogie tra questi tre passi della sua produzione, quando scrisse, riferendosi a *TA* III, 114, «attende similem pedem in cantilena ocolorum et in illa A la dolce ombra» (Santagata 1996: 363–64).
184 Vengono in mente, tra gli altri, gli esempi di Arnaut Daniel «Sols sui que sai» (v. 12: «que eu non vau cap vaus ni plas ni pueis») o «Er vei vermeills» (v. 2: «vergiers, plais, plans, tertres e vaus»).

cronologico e, quindi, politico e culturale della seconda generazione di lirici colti del periodo angioino, cioè intorno al penultimo decennio del XIV secolo. Sabatini, invece, basandosi sul passo della lettera di Andreina Acciaiuoli, più volte citato, in cui si afferma che il conte compose la sua opera «in iuventute», data i sonetti, al più tardi, intorno al 1360, affermando che «nato verso il 1320-25, la sua "gioventù" si estese all'incirca fino al '60» (Sabatini 1965: 128). Questo è esattamente il medesimo argomento addotto da Coluccia, che indica anche l'anno 1360 come termine *ante quem* per la composizione dei sonetti (1975: 54).

A nostro avviso, questi ultimi due autori hanno ragione. Tuttavia, ci sembra che abbiano trascurato un aspetto interessante della questione della datazione: in base ai dati biografici, sembra chiaro che il termine *ante quem* per la composizione dei sonetti altavillani si possa fissare all'inizio del settimo decennio del XIV secolo. Ma né Sabatini né Coluccia affrontano l'altra questione essenziale della datazione dei sonetti, vale a dire, il loro termine *post quem*. In effetti – e parafrasando Austen –, sembra essere una verità universalmente accettata che la giovinezza di cui parla l'Acciaiuoli finisca intorno al 1360, ma quando è iniziata? Per risolvere tale questione non bastano i dati biografici (anche se vedremo che nel caso di Bartolomeo di Capua sono altrettanto rilevanti), bensì occorre considerare anche il contesto culturale dell'autore e persino le caratteristiche testuali dei sonetti.

Abbiamo già detto, trattando dell'opera di Maramauro, che, sebbene alcuni dei componimenti petrarcheschi riecheggiati dal poeta napoletano siano tra i primi testi dell'aretino e possano essere datati intorno alla metà degli anni '40, la diffusione dei *Rvf* fu molto limitata prima del 1358. Dato che l'impronta del Canzoniere sulla poesia altavillana è evidente e se ne trova traccia in tutti i sonetti (sia in quelle che abbiamo definito strutture profonde o superficiali del contenuto del componimento, sia a livello metrico), a priori potremmo datare il periodo poetico del conte tra il 1358 e il 1360. In ogni caso, sebbene questa ipotesi comporti un trattamento e un'accettazione scrupolosa dei dati disponibili, ci sembra che due anni non rappresentino uno spazio sufficientemente ampio rispetto ai dodici sonetti per poter concludere – come fa Andreina nella sua missiva – che le rime furono composte in modo disperso. Inoltre, e qui entrano in gioco le particolarissime circostanze biografiche del conte di Altavilla, non dobbiamo perdere di vista il fatto che, in seguito al suo matrimonio con l'Acciaiuoli nel 1353, le possibilità di Bartolomeo di Capua di entrare in contatto culturale con la tradizione toscana si ampliarono notevolmente, per cui non dobbiamo escludere che, grazie a questi contatti, il conte abbia avuto accesso a una versione delle rime petrarchesche più ampia di quella conosciuta a Napoli all'epoca. Sulla base di questi dati, quindi, potremmo collocare il periodo di composizione dei dodici sonetti tramandati dal codice Gaddiano Reliqui 198 tra il 1353 e il 1360.

5. Importanza dei primi lirici di impronta toscana

Come si è già ribadito, diversi studiosi hanno criticato questi primi lirici colti per gli errori linguistici rispetto al modello toscano, per la precarietà della versificazione in alcuni passaggi o per la mancanza di originalità tematica (Sabatini 1965: 125, 129; Bárberi Squarotti 1990: I, 694; ecc.). Nessuno però ha finora sottolineato il ruolo pionieristico che essi hanno avuto nel mettere per primi a disposizione della tradizione indigena del Regno la tematica, la metrica e, per quanto discutibile, la lingua dei grandi modelli toscani. Così facendo, questi autori iniziarono a spianare la strada ai loro successori. Basti pensare all'influenza dell'opera dantesca su Paolo dell'Aquila e, soprattutto, sulla canzone politica di Landulfo di Lamberto, i principali esponenti (insieme a un anonimo rimatore) del secondo gruppo di lirici colti del regno partenopeo in epoca angioina.

Per quanto un diverso corso degli eventi avrebbe potuto significare, soprattutto per lo sviluppo della storia letteraria della Napoli quattrocentesca, gli sforzi e le opere dei poeti del Trecento caddero nell'oblio e si persero nelle «segrete» delle biblioteche e degli archivi fino a ben oltre l'Ottocento. In effetti, come afferma Torraca,

> Dalla morte di Ladislao all'entrata in Napoli di Alfonso di Aragona, passarono trent'anni, e parecchi altri ne passarono prima che il Regno sentisse i benefizi della pace. Sino allora, il malgoverno di Giovanna II e le guerre quasi incessanti tra essa e gli Angioini di Francia, tra questi e l'Aragonese, straziarono il Napoletano. Non eran condizioni favorevoli all'incremento della cultura: perciò quel primo tentativo di poesia toscaneggiante [...] doveva rimanere, e rimase infatti isolato; non produsse gli effetti che avrebbe potuto produrre. Regnando Ferdinando I si ritentò, con migliore fortuna, di poetare sulle orme dei Toscani, ma non sembra che i rimatori della corte aragonese ricordassero neppure i loro predecessori della corte di Ladislao. (Torraca 1925: 133)

Nonostante questo destino storico avverso, riteniamo che questi autori meritino un posto d'onore nell'intera letteratura italiana per il grande sforzo compiuto per superare le estreme difficoltà e gli ostacoli che incontrarono rispetto al loro desiderio di scrivere poesia, poiché, di fronte all'impotenza causata dalla mancanza di una consistente e colta tradizione locale, questi apolidi della cultura furono costretti a imitare modelli che – a prescindere dalle circostanze biografiche di ciascuno di loro – erano completamente estranei a loro. Tale aspetto non solo giustifica i loro sforzi e il raggiungimento, in misura maggiore o minore, degli obiettivi proposti, ma sottolinea anche il valore letterario e soprattutto culturale, nel senso più ampio del termine, delle loro produzioni.

Appendice I: Le *Senili* di Francesco Petrarca indirizzate a Guglielmo Maramauro

Com'è stato detto nel capitolo 3, Guglielmo Maramauro dovette incontrare personalmente Francesco Petrarca in qualche momento della sua vita. Tale incontro, sicuramente motivato anche dagli interessi culturali del poeta partenopeo, avviò un carteggio tra gli autori che si prolungò in un certo numero di lettere. Purtroppo, le missive scritte da Maramauro all'aretino non ci sono pervenute, ma si conservano, invece, due risposte di Petrarca al poeta napoletano. Si tratta delle *Senili*, XI, 5 e XV, 4.

In quest'appendice si fornisce la trascrizione[185] delle suddette *Senili*, che testimoniano un altro aspetto – molto più personale e privato – degli interessi toscani e dell'ammirazione di Maramauro nei confronti di Petrarca.

Seniles XI, 5

Ad Guillelmum Maramaurum neapolitanum equitem[186], male fundatas amicitias non durare.

---

185 Per il testo delle *Senili* abbiamo adoperato i codici B 123 sup. della Biblioteca Ambrosiana di Milano, il Peterhouse 81 della Biblioteca dell'Università di Cambridge, il 267 del New College dell'Università di Oxford, l'Acqu. e doni 266 e il XC inf. 14 della Biblioteca Laurenziana di Firenze, il II IV 109 della Biblioteca Nazionale Centrale di Firenze, il VIII G 7 della Biblioteca Nazionale di Napoli e il Palat. 79 della Biblioteca Palatina di Parma. Abbiamo anche consultato il testo procedente dall'edizione a cura di Silvia Rizzo e Monica Berté per l'Edizione Nazionale delle Opere di Francesco Petrarca (si veda Petrarca 2014, 2017).

186 L'appellativo di «cavaliere» con il quale Petrarca apre le due epistole indirizzate a Maramauro non deve far pensare che il nostro poeta avesse intrapreso una carriera militare o che eccelse nelle armi. Come succedeva con il «miles» che Giovanni Quatrario da Sulmona gli dedicava nell'incipit dell'epitaffio trascritto al capitolo 3, questa denominazione deriva dal fatto che Maramauro era priore dell'ospedale partenopeo di San Giovanni in Gerusalemme (Coluccia 2000: 251). Come anche Terzi afferma, «Considerando che quello di S. Giovanni di Gerusalemme fu il più antico ordine di cavalleria, si comprende con quale significato il Maramauro possa essere detto cavaliere» (2007).

[1] Orpheus noster ausonius[187], qui tuam huc epistolam ferebat, me non vidit, cum ei proximus essem, neque suum michi saltem indicavit adventum. [2] Mirarer, nisi scirem humana omnia tempus atterere. «Omnia fert etas», inquit Maro. «Omnia de nobis anni predantur euntes», inquit Flaccus. Nolim in causa propria testimonio meo uti: et in carmine et in prosa sententiam hanc aliis atque aliis verbis, quod accepta michi esset, sepe repeti. [3] Huic rapine ac ruine una omnium virtus excipitur, que tempore non modo non interit sed augetur. [4] Ego autem extimabam amicitiam que inter me atque illum a iuventute mea pueritiaque sua interque patrem eius ac me ab adolescentia mea atque illius iuventute contracta erat in virtute fundatam vereorque pro virili huius parte ne fallerer; vulgares enim amicitias que in utilitate aut sola delectatione subsistunt hauddubie tempus imminuit atque evertit. [5] Quam ob causam amicitia que cum patre michi est in dies revirescit, que cum isto autem in horas deficit ac decrescit et prope iam ad nichilum rediit: tanto certiores tantoque solidiores sunt senum amicitie quam iuvenum. [6] Quamvis autem huius nostri conversatione delectarer propter dulcedinem illam quam me fateor ex musica modulatione percipere, usque adeo ut nonnunquam, que de celesti harmonia sensere philosophorum quidam simulque his contradicentium sententiam animo agitans, in eam partem sim proclivior que seu sperarum motu seu aliter superis non invidet hanc aurium voluptatem – qua in re hic noster, ut ego opinor, antiquum illum longe vicit Orpheum –, non minus tamen convictu ius alloquioque mulcebar; non minorem enim sed maiorem verborum et cum Tullio multo maxime actuum concentum arbitror quam sonorum. [7] Eat tamen utcunque: ego enim et cum amicis dulcissime vivere didici et sine illis, ubi culpa caream, amariuscule quidem sed victurus videor, quippe qui interdum propter multa que vita hominum fert pene convictum congressusque hominum exhorream propterque odium malorum, quibus omnia plena sunt, bonorum paucitas quodammodo michi, suspecta sit, ut, sicut in pelago dulcis aque fontem, sic in urbibus virum bonum invenire prodigiosum rear. [8] Et quid plura? Inter perditos hinc vivorum mores, hinc acerbam dulciter memoriam defunctorum ac

---

187 Secondo Wilkins (1959: 158) e alla luce dei riferimenti contenuti in questa lettera, questo musico sarebbe da identificare con il figlio di Floriano da Rimini.

mortis iniuriam, que tot bonos michi tam paucis annis eripuit, alterum pene Bellerophontem iam me videas, non quidem miserum aut merentem meumque ipsum cor edentem, sed errantem in campis hominumque vestigia, qua licitum est, vitantem in silvisque, si detur, quod superest vite, seu verius mortis huius, precupide exacturum.

[9] Hec in primis tam multa de comuni amico, ut vides non sine stomacho, ut per te illi, cum primum occurrerit, innotescant, dolituro, siquid est ingenui pudoris, sic se vel per insolentiam vel per negligentiam, etsi non utilem, at antiquam certe et fortassis honestam amicitiam postergasse, quam tanta fide talis pater colit, que michi et sepe olim et nuper, dum Verona iter agerem, luce clarior apparuit.

[10] Scripsi ecce plura quam credidi. Tulit ardor quidam lesi animi. Dehinc scribam pauciora quam vellem. [11] Epistola quidem tua per multorum manus ad me veniens magno me gaudio complevit. [12] Multa ibi legi que michi fidem facerent certissimam te, si tam proximus michi esses quam is de quo queror fuit, vel ad me venturum fuisse vel indicaturum ubi te quererem. [13] Et certe, si et hic impetum sequar, difficillimum erit finem huius quoque sermonis attingere; sed quia iam temporis penuria a necessitate compulsus statui in epistolis brevior fieri, unum hoc dixisse contentus sim: affectum erga me atque animum hunc tuum non novum michi sed pergratum esse; tuam hanc tantam reverentiam, quam ex multarum tuarum epistolarum uniformi tenore percipio, non ita; quanquam enim optima e radice veniens atque in te decora, michi tamen prorsus indebita est. [14] Proinde me olim tibi tam laboriose quesitum et tam procul inventum et tam avide tamque predulciter visum – nescio an et unquam in terris amplius revidendum, quod non dicerem si noster ille vir maximus paulo diutius vixisset – plena fiducia in amicis habe et, siquis est usus, utere. [15] Atque utinam vel irrequisitus aliquid possem, ne spes tua, quam ex me tam ingentem concipis, frustra esset, ultro, Deum testor, laboribus animique tui fluctibus opem atque consilium laturus, siqua michi gubernandi ars, siqua esset experientia. [16] Et nunc, quoniam plus interdum possumus quam credamus, licet in plurimis contra sit, siquid forte est quod pro requie proque solatio tuo possim, iube: adsum animo. [17] Hic subsistam. Ire enim longius brevitatis studio et propositi novi fixa lege prohibeor. Vive et vale nostri memor.

Patavi, V Idus Novembris.

Seniles XV, 4[188]

Ad Guillelmum Maramaurum equitem[189] neapolitanum.

[1] Fecisti amice, ut soles omnia, quod me rerum nuper apud Neapolim gestarum tuis literis participem voluisti; non enim tu illius animo meo iocundissime historie seriem descripsisti aut pinxisti, quod ipsum rite facere aut preclari scriptoris aut egregii sit pictoris, sed, quod celestis fuit ingenii, me presentem rebus in mediis posuisti. [2] Illa ego non legi nec audivi sed vidi tecumque omnibus interfui, rarum opus et paucorum hominum. [3] Gratiam tibi habeo non mediocrem; illius nempe, si nescis, filii mei et gaudia et honores mei sunt, illo bene agente ac prosperante glorior et triumpho. [4] Alma quidem regina[190] morem suum tenuit: parvificum nichil agere didicit. [5] Proceres quoque parthenopei, quamvis interdum hac in parte loqui aliter visus sim[191], illum, qui apud vos nescio an adhuc agitur, ludum tartareum perosus, cogitans tamen nullam tam bene moratam civitatem que non aliquid reprehensione dignum habeat, pleno in reliquis ore laudandos celebrandosque se nunc offerunt, liberales semper ac munifici et fideles amici. [6] Quod ita esse Roma ipsa testabitur, que bello punico secundo afflictis imperii viribus, ab omni ferme Italia derelicta, imo attrita quidem ab omnibus et oppressa, a Capuanis ante alios, vicinis vestris, de quibus optime merebatur, pro quibus multa et magna bella gesserat prodita et iniurias perpessa gravissimas, Neapolitanorum liberalitatem eximiam ac fidem extremis suis sensit in rebus. [7] Unde ego et veteribus et novis argumentis inducor ut censeam qui Parthenopen novit et non amat aut non nosse aut non amare virtutem. [8] Fecerunt bene igitur nobilissimi cives et quod soliti sunt, qui generosum et egregium adolescentem ad omne bonum opus aptissimum et ab alio, licet italico, orbe venientem alumnamque simul suam, apud eos, reor, ortam

---

[188] Come Rizzo e Bertè hanno provato (Petrarca 2017: 243), in base a diversi riferimenti accennati dall'autore, quest'epistola è databile tra il 24 gennaio 1370 e l'aprile dello stesso anno.

[189] Si veda la nota in *Seniles* XI, 5.

[190] Si tratta di Giovanna I d'Angiò.

[191] Come indicano Rizzo e Berté (Petrarca 2017: 214), Petrarca allude alla *Familiares* 5, 6, dove condannava il successo che i giochi gladiatorii avevano tra la nobiltà partenopea.

nutritamque, dum preclaro coniugio unirentur honoribus, ut tu scribis, concelebravere magnificis, uno actu sibi morem solitum possidentes, bene meritis honorem debitum exhibentes[192]. De his hactenus.

[9] Status mei historia quam exposcis longiuscula est ideoque pretereo. Summa est quod animo ut peccator non desperans bene valeo. [10] Honestis studiis nunquam magis incubui, nunquam maiorem michi inde voluptatem percepi quam hodie percipio. Dicam tibi rem mirabilem sed veram: cum ad reliqua omnia senescam, ad hoc unum quotidie iuvenesco. [11] Hec que dicitur fortuna more suo mecum agit; nec egeo nec abundo, imo equidem abundo, quando et multi michi invident; quod aliquando non credidi sed nunc scio. [12] Et nichil est sub celo quod valde cupiam nisi bonum exitum. Parum ne tibi dives videor hoc animo? [13] Corpusculum hoc solum videtur velle michi fidem frangere. Loquor improprie: hac lege convenimus et iam simul satis diu fuimus. Tu vive et vale feliciter nostri memor.

---

192 Secondo Rizzo e Berté, si tratterebbe del matrimonio tra Carlo III di Durazzo, figlio di Luigi di Durazzo, e sua cugina, Margherita di Durazzo, figlia di Carlo I di Durazzo e di Maria d'Angiò. Dato che queste nozze ebbero luogo il 24 gennaio 1370, questa data si deve considerare come il termine *post quem* della stesura dell'epistola (Petrarca 2017: 243).

Appendice II: Le canzoni di Guglielmo Maramauro

L'impronta petrarchesca nella produzione di Guglielmo Maramauro è limitata ai quattro sonetti che oggi conosciamo, la cui edizione critica è stata proposta nel capitolo 3. Tuttavia, nel 1983, Rosario Coluccia scoprì che Maramauro era l'autore di due canzoni, già citate in precedenza, ma non trascritte prima, sia per la loro lunghezza sia perché Coluccia ha svolto un lavoro critico impeccabile.

Nell'interesse di offrire in questo volume l'opera completa di Maramauro, la presente appendice raccoglie i testi di entrambe le canzoni per dare un quadro il più possibile preciso del *modus scribendi* di questi trecentisti partenopei.

Per queste canzoni seguiremo, con poche modifiche, i testi proposti da Coluccia (1983: 192–198), indicando con note a piè di pagina – come è stato fatto per i sonetti nei capitoli 3 e 4 – le particolarità metriche più salienti.

«*Cançona morale di messer Guiglelmo Maramari da Napoli*»[193]

> Una donna legiadra, honesta e pia,
> lucente in vista quasi come'l sole
> quanto il mattin si sole
> levar verso la parte d'orïente
> tra gigli, rose, fior bianchi e vïole,
> m'apparve con due altre in compagnia
> [... –ia].
> E ciascuna, vestita, color prese
> disimiglantemente:

---

[193] Questa «cançona morale» si trova nel codice Pal. 109 della Biblioteca Palatina di Parma, tra i ff. 30 v. e 31 r., il che, tenendo conto della disposizione a due colonne di questo manoscritto, corrisponde alle colonne 119–122. Come riporta Coluccia (1983: 164), la canzone è composta da otto strofe di tredici versi ciascuna. Ogni strofa segue lo schema di rima ABbCBAaCcDdEE, con la sola eccezione della prima strofa, in cui l'ottavo verso rimane libero.

se non errasse per esser stancho[194],
parvemi che di biancho
coley, che prima vidi, era vestuta,
simile a neve pur toste caduta.

L'altra che l'orme honeste seguitava,
né era men bella e men dengna d'onore,
né di minor fulgore
negl'occhi, nella vista e nel senbiante,
mostrando donna assai di gran valore;
e· ll'abito gentil ch'ella portava,
secondo che mostrava,
mi parve honesta assai e simigliante
negl'atti tutte quante,
d'un verde chiaro assai pulito e saldo,
più che verde smeraldo,
in cui percuote il raço della lucie,
che solo al mondo più che l'altro lucie.
Seguia presso a costoro a pichol passo
l'altra, che· ssi può dare ancor tal vanto
che'l mondo tutto quanto
in sé non vide mai tal crëatura;
e chi mirasse ben di canto in canto,
sarebbe forse assai smarito e lasso
et con aspetto chasso,
tanto è la suo biltà honesta e pura.[195]
Credo ben che natura
conciedesse a queste tre una biltade
e una nobiltade.[196]
Ver è che questa veste un color vivo
di rossa fiamma à, più ch'i' non scrivo.[197]

La bianca mi parea che con sospiri
biasmasse il mondo e tutto l'universo
e con pietoso verso
fatt'à gran querimonia al sommo Giove
del popol cristïan, che va disperso,
e degl'afanni, e degl'aspri martiri
di lor falsi disiri,

---

194 Verso ipometro. Si consiglia la lettura «esser[e]».
195 Verso ipometro. Si consiglia la lettura «biltà ^V honesta», con dialefe.
196 Verso ipometro. Léase «e ^V una», con dialefe.
197 Verso ipometro. Si consiglia l'inserimento di una dialefe tra «fiamma ^V à».

e degl'inganni, a spietate pruove
dicendo: – Ai Iddio, altrove
son volti gl'occhi tuoi? Perché non guarde
al mal che tutta m'arde?
Perch'io son tuo figliuola, e son la fede
per chui ciascun si salva che m'accede. –

Quella che veste il verde ad alta vocie
gridando già, con dispettoso aspetto
dicendo: – Al tuo cospetto
vengo, Singnore, a domandar ragione,
ché nessum guarda nel tuo vero effetto,
perché pendesti al lengno della crocie;
e quel che più velocie
può fare al mondo grande offensïone,
in atti e in sermone[198]
colui si tien più dengno e più bëato,
avendo abandonato
Te, dolce creatore, che n'ài mancança,
e me, che son di lor vera sperança. –

La terça, che parea quasi di fuocho,
piangendo andava e lagrimando forte,
et colle mani sporte
pregava la divina maiestade,
l'angelica natura e ·lla sua corte,
con voce pia e con aspetto fiocho,
c'a ·lley si volga um pocho
e non sostengha tanta iniquitade,
inganno e falsitade
che ·ssi comette nel cristianesmo,[199]
per força e per sofissmo,
contro la charità che sempre acende
divina fiamma, che nel core aprende.

Queste tre donne, riguardando il cielo,
biasimavano il papa e' cardinali,
che son di tanti mali
principio e causa d'ongni nostro errore,
pervertendo le leggi e' decretali,
ed el noioso e ditestabil velo

---

198 Verso ipometro. Si consiglia di leggere «et» anziché «e».
199 Verso ipometro. Coluccia (1983: 190) consiglia di leggere «nel[lo]».

che partorisce il çelo
di Cesare Romano imperadore,
che Italia a gran dolore
fa star sotto dominio de' tiranni;
et non raguardano gl'inganni[200]
i quali sostiene nel suo tristo imperio[201]
com'uon che non conosce vituperio.

Cançon, tu seguirai tu' alta impresa:[202]
passa la ripa che'l Rodono stangna,
e Francia e ·lla Mangna,[203]
Navalla, Portogallo e Räona,[204]
e tutte parti che'l Danubio bangna,
Italya tutta quanta, nella sciesa;
guarda di fare contesa,[205]
saluta et inchina ongni gentil persona[206]
che vedi che ·ssia buona;
e quando giungnerai al nostro Rengno
aguçati lo'ngengno
e digli omay che tempo non aspetta
di vecchia colpa far nuova vendetta.

---

200 Verso ipermetro. Coluccia (1983: 190) consiglia omettere «et» e leggere «raguardan» con apocope letteraria.
201 Verso ipermetro. Si legga «i quai».
202 Verso ipometro. Si consiglia la lettura «tu' ᵛ alta», con dialefe.
203 Verso ipometro. Si legga «Francia ᵛ e», con dialefe.
204 Verso ipometro. Si legga «Portogallo ᵛ e», con dialefe.
205 Verso ipermetro. Si legga «far», con apocope letteraria.
206 Abbiamo eliminato la virgola che Coluccia inserisce nella sua edizione alla fine di questo verso, in quanto non riteniamo che il contenuto successivo possa essere interpretato come un'apposizione. D'altronde, si tratta di un verso ipermetro. Per ripristinare l'endecasillabo Coluccia (1983: 190) suggerisce di leggere «e» anziché «et».

Appendice II

«*Gulglelmi Maramarij viri clarissimi cantilena moralis contra amorem incipit*» / «*cantilena vir nobilis Pelegrini de Zanbecharis de Bolonia*»[207]

> Perch'io no m'abia si de rime armato,
> quanto bastasse per dir mal d'Amore,
> che'l mondo e'l cielo à posto in tanta furia,
> io pur dirò, sì come ò già pensato,
> del fuoco, de la fiamma e de l'ardore
> de due figle de Loth et de l'ingiuria
> commessa al padre per usar luxuria;
> d'Amon et di Tamar e de l'ingando
> che Mirra fe' a l'ignorante padre;[208]
> de Nino e de sua madre
> che morì poscia in doloroso affando;
> di Biblide la fama e di Carnace
> ch'ancor se lege al mondo e non si tace.
>
> Piramo e Tysbe, exfortunati amanti
> e Nesso, che morì per Dïanira,
> maldicon sempre il tuo dorato strale.
> Sanson si dole con eterni pianti,
> et Oloferne per Judit sospira,
> et Dido che sentì il corpo mortale.
> Piange Cleopatra misera del male
> il qual sostenne, et Phille Rodopea

---

[207] Questa seconda canzone – che riportiamo secondo l'edizione di Coluccia (1983: 194–198), alla quale abbiamo apportato qualche aggiunta – ci è arrivata tramite tre manoscritti diversi: il codice Ambrosiano E 56 sup, dove occupa i ff. 67 r. – 68 r. e appare come anonima; il codice 1739 della Biblioteca Universitaria di Bologna, ff. 127 v. – 129 v., dove è attribuita a Maramauro con la prima delle didascalie che offriamo; e, infine, il codice 1154 della Biblioteca Riccardiana di Firenze, ff. 106 v. – 108 r., dove la canzone è attribuita al bolognese Pellegrino Zambeccari con la seconda delle didascalie fornite. Per quanto riguarda la sua struttura, si tratta di una canzone di 96 versi, composta da sette strofe di tredici versi ciascuna più un congedo di cinque versi. Le strofe seguono lo schema ABCABCCDEeDFF, già utilizzato, con piccole variazioni, da Dante, XXVII e CLII (Contini, 1960), o da Petrarca, CXXV e CXXVI. Per quanto riguarda il congedo, esso segue la struttura -AaBB.

[208] Verso ipometro. Si legga «fe' ᵛ a», con dialefe.

piangendo va con vergognosa fronte
el crudel Demophonte;
e 'l misero Leandro, che solea
passar natando tra Sexto et Abido,
de te se biasma in doloroso strido.

Grida contra di te il iusto Urïa,[209]
essendo spento dal padre d'Amone,
per Bersabé, che tenne tanto cara,
e l'alta voce, che dal pecto uscia
per lo sfrenato amor de Salamone,
prevaricato à Dio cum vita amara.
Helena trista che piangendo impara
l'anticha fiamma che destruxe Troya,
per cui Achil fo morto poi nel tempio;
e 'l doloroso scempio
el qual condusse Roma in tanta noia,
conduce a mormorar Bruto e Tarquino,
e 'l vergognato cor di Colatino.

Li falçi amanti, ch'accusar Sosanna
del non colpato e perfido adulterio,
piangono de Daniello la vendecta;
Levi con Simëon ancor s'affanna
de Dina a vendicar el vituperio;
e Adrïana, a l'isola solecta[210]
da Teseo lassata, ancor s'afrecta
guardar la nave su per l'alto mare;
et l'altra scelerata che recerca
come crudel novercha,
sença vergogna et sença alcun pensare,
Ypolito per far sua voglia satia,
vedi che di dolor anchor si stratia.

Di te se piagne quella scelerata,
che de Josep fe' il falço pençiero[211]
e Parpïa che fo sepulta viva;
Jsiphile se duol come ingannata,

---

209 Verso ipometro. Consigliamo l'inserimento di una dialefe in «te ⱽ il».
210 Per ampliare questo verso ipometro e ripristinare l'endecasillabo, Coluccia (1983: 196) propone l'inserimento di una dialefe in «e ⱽ Adrïana». A nostro avviso, sarebbe più adeguato consigliare la lettura «et» anziché «e» oppure, se si preferisce la dialefe, inserirla in «Adrïana ⱽ a».
211 Verso ipometro. Coluccia (1983: 196) indica la possibilità di inserire una dialefe tra «fe' ⱽ il»; sarebbe anche possibile la lettura «fece».

Rëa che ruppe fede al monistero,
e Deydamia anchor con queste arriva.
Trova, crudel Amor, chi lega o scriva
quant'ài commesse al mondo tradicione,
e vederai se son piene le carte
dell'opere et dell'arte,
ch'ài seminata qui sença rascione,
col gran poter della tua madre Venere
tornando il mondo tucto quasi in cenere.

Arsa la terra, e poi ardisti il cielo
d'alor che Jove se convertì in toro,
portando Europa cossì dolce carco;
Yole trista ancor si dol del telo[212]
e Calistona cacciata dal coro
casto del boscho con mortal travarcho.
Ai quanto è duro el braccio e'l tuo fiero arco
e fiera la säetta et quella corda,
che ferì Phebo, alle thesaliche onde,
per quelle treccie bionde
ch'ancor per fama al mondo se ricorda,
dato per segno d'eterna memoria,
per honorar pöeta e per victoria.

Semele trista anchor se duol de Jove
perché del prego suo sentì la fiamma
et per Neptunno anchor piangie Medusa;
Almena e Leda per le falçe prove
sentir del tuo bollor la soça sciamma;
Seringa al son so sempre s'acusa
e de l'alpestro Pan già non si scusa.
Leutochothoe ancor se ricorda del Sole,
unica figlia del possente Orchano,
e l'altra che le mano
anchor se bacte e piangie come sole;
e la tua matre Venus che se parte,
presa alla rete col feroce Marte.

Cançon, tu dici mal, ma dici'l vero,
e potresti più dir che tu non dice,
tocchando la radice
del mal ch'amor produce e'l falço fructo
per cui el mondo è già tucto destructo.

---

212 Verso ipometro. Si legga «trista ᵛ ancor».

Bibliografia

Fonti primarie
Fonti manoscritte
Biblioteca Ambrosiana di Milano, ms. Ambrosiano E 56 sup.
Biblioteca Ambrosiana di Milano, ms. B 123 sup.
Biblioteca Apostolica Vaticana, Chigi L IV 131
Biblioteca Classense di Ravenna, ms. 7
Biblioteca del New College dell'Università di Oxford, ms. 267
Biblioteca dell'Università di Cambridge, ms. Peterhouse 81
Biblioteca Laurenziana di Firenze, ms. Acqu. e doni 266
Biblioteca Laurenziana di Firenze, ms. Ashburhamiano-Laurenziano 1830
Biblioteca Laurenziana di Firenze, ms. Gaddiano Reliqui 198
Biblioteca Laurenziana di Firenze, ms. XC inf. 14
Biblioteca Nazionale Centrale di Firenze, ms. II IV 109
Biblioteca Nazionale Centrale di Napoli, ms. VIII G 7
Biblioteca Palatina di Parma, ms. Pa. 109
Biblioteca Palatina di Parma, ms. Palatino 79
Biblioteca Riccardiana di Firenze, ms. 1154
Biblioteca Statale Oratoriana dei Girolamini, ms. CF 4 20
Biblioteca Universitaria di Bologna, ms. 1739
Bodleian Library di Oxford, ms. Canoniciano ital. 97

Fonti a stampa
Aloisio, G. (2006), *Naufragio* (a cura di M. Milella), tesi di Dottorato di Ricerca, Università degli Studi di Napoli "Federico II", Dip. di Filologia Moderna.

Boccaccio, G. (1928), *Opere latine minori* (a cura di A. F. Massera), Bari: Laterza.

--- (1958), *Rime. Caccia di Diana* (a cura di V. Branca), Padova: Liviana editrice.

--- (1967), *De mulieribus claris* (a cura di V. Branca), Milano: Mondadori.

--- (1980), *Decameron*, 2 voll. (a cura di V. Branca), Torino: Einaudi.

Caracciolo, G. F. (1999), *Le rime di Giovan Francesco Caracciolo nel codice Barb. Lat. 4026 della Biblioteca Apostolica Vaticana* (a cura di F. Gorruso), tesi di Dottorato di Ricerca, Università degli Studi di Napoli "Federico II", Dip. di Filologia Moderna.

Cavalcanti, G. (1967), *Rime* (a cura di G. Cattaneo), Torino: Einaudi.

Cino da Pistoia, (1927), *Le rime di Cino da Pistoia* (a cura di G. Zaccagnini), Ginevra: Leo Olschki.

Dante Alighieri, (1921), *Le opere di Dante. Testo critico della società dantesca*, 2 voll., Firenze: Bemporad e Figlio.

--- (1960^2), *Le opere di Dante. Testo critico della società dantesca*, Firenze: Società Dantesca.

--- (1965), *Opere* (a cura di G. Getto), Milano: Ugo Mursia.

Da Tempo, A. (1977), *Summa Artis Rithimici Vulgaris Dictaminis* (a cura di R. Andrews), Bologna: Commissioni per i testi di lingua.

De' Conti, G. (1933), *Il canzoniere*, 2 voll. (a cura di L. Vitetti), Lanciano: Carabba.

De Petruciis, G.A. (1879), *Sonecti composti per M. Johanne Antonio de Petruciis conte di Policastro* (a cura di J. Le Coultre e V. Schultze), Bologna: Commissione per i testi di lingua.

--- (2013), *Sonetti* (a cura di E. Picchiorri), Roma: Salerno.

Galeota, F. (1987), *Le lettere del Colibeto* (a cura di V. Formentin), Napoli: Liguori.

Giacomino Pugliese, (1937), *Le poesie di Giacomino Pugliese* (a cura di M. Santangelo), Palermo: Boccone del Povero.

Gil Rovira, M. (a cura di) (2007), *Cansonero del Conte di Popoli*, Madrid: Centro de lingüística aplicada Atenea.

Guinizelli, G. (1986), *Poesie* (a cura di E. Sanguineti), Milano: Mondadori.

Jacopone da Todi, (1974), *Laude* (a cura di F. Mancini), Bari: Laterza.

Landino, C. (1853), «Orazione facta per Cristoforo Landino da Pratovecchio quando cominciò a leggere in Studio i sonetti di M. Francesco Petrarca», in Corazzini, F. *Miscellanea di cose inedite o rare*, Firenze: Tommaso Baracchi, pp. 125–134.

Maramauro, G. (1998), *Expositione sopra l'*Inferno *di Dante Alligieri* (a cura di P.G. Pisoni e S. Bellomo), Padova: Antenore.

Perleoni, G. (Rustico Romano), (1492), *Compendio di sonecti et altre rime de varie texture intitulato lo Perleone*, Napoli: Aiolfo de Cantono da Milano.

Petrarca, F. (1988), *Triumphi* (a cura di M. Ariani), Milano: Mursia.

--- (2008), *Rerum vulgarium fragmenta* (a cura di G. Savoca), Firenze: Leo Olschki.

--- (2010), *Canzoniere* (a cura di M. Santagata), Milano: Mondadori.

--- (2014), *Res seniles. Libri IX-XII* (a cura di S. Rizzo e M. Berté), Firenze: Le Lettere.

---(2017), *Res seniles. Libri XIII-XVII* (a cura di S. Rizzo e M. Berté), Firenze: Le Lettere.

Riquer, M. (1999) *Los trovadores. Historia y textos*, Barcellona: Ariel.

Rodríguez-Mesa, F. J. (a cura di) (2021), *El «Perleone» de Rustico Romano: un cancionero de la Nápoles aragonesa*, Granada: Comares.

Varese, C. (a cura di) (1955), *Prosatori volgari del quattrocento*, Milano: Ricciardi.

Vespasiano da Bisticci, (1970–1976), *Le vite*, 2 voll. (a cura di A. Greco), Firenze: Istituto Nazionale di Studi sul Rinascimento.

Studi critici

AA.VV. (1975), *Petrarca. Beiträge zu Werk und Wirkung* (a cura di F. Schalk), Francoforte: Klostermann.

Accademia della Crusca (1971), *Concordanze del Canzoniere di Francesco Petrarca*, 4 voll., Firenze: Accademia della Crusca.

Afribo, A. (2009), *Petrarca e petrarchismo. Capitoli di lingua, stile e metrica*, Roma: Carocci.

Altamura, A. (1948), «Per un'errata attribuzione a Paolo dell'Aquila», in *Giornale italiano di filologia*, I, pp. 260-261.

--- (1949), *Testi napoletani dei secoli XIII e XIV*, Napoli: Perrella.

--- (1952), *La letteratura dell'età angioina*, Napoli: Casa Editrice Silvio Viti.

--- (1953), *Testi napoletani del Quattrocento*, Napoli: Casa Editrice Silvio Viti.

--- (1962), *Rimatori napoletani del Quattrocento*, Napoli: Fausto Fiorentino.

--- (1978), *La lirica napoletana del Quattrocento*, Napoli: Società Editrice Napoletana.

Antonelli, R. (1974), «La poesia del Duecento e Dante» in Asor Rosa, A. (a cura di), *Storia e antologia della letteratura italiana*, Firenze: La Nuova Italia, vol. II.

--- (1992), «Rerum Vulgarium Fragmenta di Francesco Petrarca», in *Letteratura italiana. Le opere*, I, Turino: Einaudi, pp. 470–471.

Arnone, N. (1881), *Le rime di Guido Cavalcanti*, Firenze: Sansoni.

Balduino, A. (1995), «Appunti sul petrarchismo metrico nella lirica del Quattrocento e primo Cinquecento», in *Musica e storia*, III, pp. 227–278.

Barański, Z. G. (2001), *«Chiosar con altro testo»: leggere Dante nel Trecento*, Fiesole: Cadmo.

Bárberi Squarotti, G. (a cura di), (1990), *Storia della civiltà letteraria italiana*, 6 voll., Torino: UTET.

Bellomo, S. (1997) «Un sonetto su Dante da restituire al napoletano Guglielmo Maramauro», in De Gregorio, V. (a cura di) *Bibliologia e critica dantesca. Saggi dedicati a Enzo Esposito*, 2 voll. Roma: Angelo Longo, pp. 440–460.

--- (1999), «"Parvi Florentia mater amoris". Gli epitafi sul sepolcro di Dante», in Fera, V. (a cura di) *Vetustatis indagator. Scritti offerti a Filippo di Benedetto*, Messina: Centro interdisciplinare di studi umanistici, pp. 19–33.

--- (2004), *Dizionario dei commentatori danteschi*, Firenze: Olschki.

Beltrami, P. G. (2009), *La metrica italiana*, Bologna: Il Mulino.

Bentley, J. H. (1995), *Politica e cultura nella Napoli rinascimentale*. Napoli: Guida editori.

Bertolucci, V. (1978), «Il canzoniere di un trovatore: il "libro" di Guiraut Riquier», in *Medioevo romanzo*, V, pp. 216–259.

Bigi, E. (1954), *Dal Petrarca al Leopardi*, Milano: Ricciardi.

Bisaha, N. (2001), «Petrarch's Vision of the Muslims and the Byzantine East», in *Speculum*, LXXVI, pp. 284–314.

Blanco Valdés, C. F. (1994), «Splendore e luce nella donna stilnovista: riflesso della situazione nella lirica galego-portoghese», in AA.VV. *Estudios galegos en homenaxe ó profesor Giuseppe Tavani*, Santiago de Compostela: Centro de investigaciones lingüísticas Ramón Piñeiro, pp. 193–203.

--- (1996), *El amor en el «Dolce Stil Novo». Fenomenología: teoría y práctica*, Santiago de Compostela: Universidad.

Bologna, C. (1986), «Tradizione testuale e fortuna dei classici italiani», in Asor Rosa, A. (a cura di), *Letteratura italiana*, vol. VI. «Teatro, musica, tradizione dei classici», Torino: Einaudi, pp. 445–928.

--- (1995), «Poesia del Centro e del Nord», in Malato, E. (a cura di), *Storia della letteratura italiana*, vol. I, «Dalle origini a Dante», Roma: Salerno, pp. 405–525.

Burckhardt, J. (1860), *Die Kultur der Renaissance Italiens*, Vienna: Phaidon-Verlag.

Casini, T. (1914), *Studî di poesia antica*, Città di Castello: Casa editrice Lapi.

Cherchi, P. (2003), «"Opra d'aragna" (*Rvf*, CLXXIII)», in AA.VV. *Studi sul canone letterario del Trecento. Per Michelangelo Picone*, Ravenna: Longo, pp. 135–145.

Chioccarelli, B. (1643), *Antistitum praeclarissimae Neapolitanae ecclesiae catalogus, ab apostolorum temporibus*, Napoli: Francesco Savio.

Chiòrboli, E. (1935), «Questioni petrarchesche. La canzone per la Crociata, la canzone dello scorno e il sonetto a Giacomo Colonna defunto», in *Giornale storico della letteratura italiana*, CVI, pp. 197–223.

Coluccia, R. (1971), «Un rimatore politico della Napoli angioina: Landulfo di Lamberto», in *Studi di Filologia Italiana*, XXIX, pp. 191–218.

--- (1975), «Tradizioni auliche e popolari nella poesia del Regno di Napoli in età angioina», in *Medioevo Romanzo*, II, pp. 44–153.

--- (1983), «Due nuove canzoni di Guglielmo Maramauro, rimatore napoletano del sec. XIV», in *Giornale storico della letteratura italiana*, 160, pp. 161–202.

--- (1987), «Riflessi linguistici della dominazione aragonese nella produzione letteraria meridionale fra Quattro e Cinquecento», in *Giornale storico della letteratura italiana*, 164, pp. 57–69.

— (2000), «L'edizione dei documenti e i problemi linguistici della copia (con tre appendici un po' stravaganti intorno a Guglielmo Maramauro)», in *Medievo romanzo*, XXIV, pp. 246–255.

Comboni, A e T. Zanato (a cura di) (2017), *Atlante dei canzonieri in volgare del Quattrocento*, Firenze: Edizioni del Galluzzo.

Contini, G. F. (1960), *Poeti del Duecento*, Milano: Ricciardi.

Corti, M. (1956), *Pietro Jacopo De Jennaro. Rime e lettere*, Bologna: Commissione per i testi di lingua.

Croce, B. (1921), «I versi di un prigioniero di stato e condannato a morte: Giovanni Antonio de Petruciis», in *La critica*, XIX, pp. 305–312.

— (1931), «Ricerche di antica letteratura meridionale», in *Archivio storico per le province napoletane*, LVI, pp. 5–86.

— (1932), «Il secolo senza poesia», in *La critica*, 30, pp. 161–184.

— (1953), «Di un sonetto del Trecento sul modo di comportarsi nell'avversa fortuna e di Paolo dell'Aquila», in *Aneddoti di varia letteratura*, 4 voll., Bari: Laterza, 1953–54, vol. I, pp. 8–22.

Cutolo, A. (1936–1944), *Re Ladislao d'Angiò-Durazzo*, 2 voll., Milano: Hoepli.

D'Aloe, S. (1859), *La congiura de' baroni del regno di Napoli contra il re Ferdinando il primo di Camillo Porzio*, Napoli: Gaetano Nobile.

Danelon, F. (1999), «Il sogno e il perdono. Una lettura di "Voi ch'ascoltate in rime sparse il suono" (*Rvf*, I)», in *Filologia e critica*, XXIV, pp. 101–123.

De Blasiis, G. (1876), «Fabrizio Marramaldo», in *Archivio storico per le province napoletane*, I, 754–755, 778–781.

De Ferrariis, A. (1867–1871), *Vari opuscoli*, in *Collana degli scrittori di terra d'Otranto*, voll. II, IV, XVIII, XXII (a cura di S. Grande), Lecce: Tipografia Garibaldi.

De Sanctis, F. (1939), *Storia della letteratura italiana*, 2 voll., Milano: Sonzongo.

Della Marra, F. (1641), *Discorsi delle famiglie estinte, forastiere, o non comprese ne' seggi di Napoli imparentate con la casa della Marra*, Napoli: Ottavio Beltrano.

Dionisotti, C. (1947), «Ragioni metriche del Quattrocento», in *Giornale storico della letteratura italiana*, 124, pp. 1–34.

Domínguez Fierro, A. M. (1997), «La imagen física de la dama en la escuela poética siciliana (I)», in *Revista de literatura medieval*, IX, pp. 145-172.

D'Ovidio, F. (1932), *Versificazione romanza. Poetica e poesia medioevale*, 3 voll., Napoli: Alfredo Guida.

Faraglia, N. F. (1889), «Barbato di Sulmona e gli uomini di lettere della corte di Roberto d'Angiò», in *Archivio storico italiano*, 5(3), 320-367.

Fedi, R. (1990), *La memoria della poesia: canzonieri, lirici e libri di rime nel Rinascimento*, Roma: Salerno.

Fenzi, E. (2008), *Petrarca*, Bologna: Il Mulino.

Figurelli, F. (1956), «Note su dieci rime del Petrarca (nn. 14, 18, 22-24, 28, 29, 35, 37 e 39 del *Canzoniere*)», in *Studi petrarcheschi*, VI, pp. 201-221.

Fontanini, G. (1750), *Biblioteca dell'eloquenza italiana con annotazioni di A. Zeno*, Venezia: Gozzi.

Formentin, V. (1995), «I modi della comunicazione letteraria», in Malato, E. (dir.), *Storia della letteratura italiana*, 9 voll., Roma: Salerno Editrice, vol. II, pp. 121-158.

--- (1996), «La "crisi" linguistica del Quattrocento», in Malato, E. (dir.), *Storia della letteratura italiana*, 9 voll., Roma: Salerno Editrice, vol. III, pp. 159-207.

Friedrich, H. (1974) *Epoche della lirica italiana*, 3 vols, Milano: Mursia.

Galiani, F. (1923), *Del dialetto napoletano* (a cura di F. Nicolini), Napoli: Riccardo Ricciardi.

Genette, G. (1972), *Figures III*, Parigi: Éditions du Seuil.

--- (1987), *Seuils*, Parigi: Éditions du Seuil.

Giannuzzi-Savelli, F. (1899), «Arcaismi nelle Rime del Petrarca», in *Studi di Filologia Romanza*, VIII, pp. 89-124.

Gil Rovira, M. (1991), *El «Cansonero del Conte di Popoli», Ms. Ital. 1035 de la Biblioteca Nacional de París*, Madrid: Tesis doctorales de la Universidad Complutense.

Giovanazzi, B. (2009), *Per l'edizione degli «Amori» e di «Argo» di Giovan Francesco Caracciolo*, tesi di dottorato di ricerca, Università degli Studi di Trento, dip. di Studi Letterari.

Gorni, G. (1984), «Le forme primarie del testo poetico», in Asor Rosa, A. (dir.) *Letteratura italiana. Le forme del testo*. I, *Teoria e poesia*, Torino: Einaudi, pp. 439–518.

--- (1993), *Metrica e analisi letteraria*, Bologna: Il Mulino.

--- (2006), «Perché non possiamo non dirci petrarchisti. Abbozzo di un bilancio di vita e opere», in Chines, L. (a cura di), *Il petrarchismo. Un modello di poesia per l'Europa*, 2 voll., Roma: Bulzoni, vol. II, pp. 581–589.

Gothein, E. (1915), *Il rinascimento nell'Italia meridionale*, Firenze: le Lettere.

Guarnaschelli, T. (1946), «Una canzone attribuita a Paolo dell'Aquila», in *La Bibliofilia*, XLVIII, pp. 21–22.

Kennedy, W.J. (2003), *The Site of Petrarchism. Early Modern National Sentiment in Italy, France and England*, Baltimore: The John Hopkins University Press.

Klopp, C. (1977), «Alliterazione e rima nel sonetto proemiale ai *Rerum vulgarium fragmenta*», in *Lingua e stile*, XII, pp. 331–342.

Lisoni, A. (1915), «Fr. Dionisio Roberti da Borgo S. Sepolcro e la canzone del Petrarca "O aspectata in ciel"», in *Studio critico del Dott. E. Aggarbati*, Bologna: Tipografia Parma.

Malato, E. (1960), *La poesia dialettale napoletana*, 2 voll., Napoli: Edizioni scientifiche italiane.

Marichal, R. (1973), «La scrittura», in AA.VV. *Storia d'Italia, V: I documenti*, Torino: Einaudi, pp. 1267–1317.

Mauro, A. (1924), «Per la storia della letteratura napoletana volgare del Quattrocento», in *Arichivio storico per le province napoletane*, XLIX, pp. 201–214.

McKenzie, K. (1912), *Concordanza delle Rime di Francesco Petrarca*, Oxford: Oxford University Press.

Merry, B. (1974), «Il primo sonetto del Canzoniere come modello di lettura», in *Paragone*, 296, pp. 73–79.

Migliorini, B. (2004), *Storia della lingua italiana*, Milano: Bompiani.

Minieri Riccio, C. (1844), *Memorie storiche degli scrittori nati nel regno di Napoli*, Bologna: Tipografia dell'Aquila.

Mussafia, A. (1884), *Mitthelungen aus romanischen Handscriften. Ein Altneapolitanisches Regimen Sanitatis*, Vienna: Akademie der Wissenschaften.

Noferi, A. (2001), *Frammenti per i Fragmenta di Petrarca*, Roma: Bulzoni.

Noyer-Weidner, A. (1984), «Il sonetto I», in *Lectura Petrarce*, IV, pp. 327–353.

Orelli, G. (1990), *Il suono dei sospiri. Sul Petrarca volgare*, Torino: Einaudi.

Origlia Paolino, G. G. (1753), *Istoria dello studio di Napoli*, Napoli: Giovanni di Simone.

Panofsky, E. (1927), «Die Perspektive als "Symbolische Form"», in *Vörtrage der Bibliotek Wasburg*, Lipsia: Teubner.

Pansa, G. (1912), *Giovanni Quatrario da Sulmona*, Sulmona: Odulae.

Pantani, I. (2002), *«La fonte di ogni eloquenzia» Il canzoniere petrarchesco nella cultura poetica del Quattrocento ferrarese*, Roma: Bulzoni.

--- (2006), *L'amoroso messer Giusto da Valmontone. Un protagonista della lirica italiana del XV secolo*, Roma: Salerno.

Panvini, B. (1962), *Le rime della Scuola Siciliana*, Firenze: Leo Olschki.

Picone, M. (1993), «Tempo e racconto nel Canzoniere di Petrarca», in AA. VV. *Omaggio a Gianfranco Folena*, 3 voll., Padova: Programma, vol. II, pp. 581–592.

--- (2007), «Petrarca e il libro non finito», in Picone, M. (a cura di), *Il Canzoniere. Lettura micro e macrotestuale*, Ravenna: Longo editore, pp. 9–23.

Pisoni, P. G. (1984), «Guglielmo Maramauro commentatore di Dante e amico del Petrarca», in *Studi petrarcheschi*, I, pp. 253–265.

Rajna, P. (1881), «Il Cantare dei Cantari e il Serventese del Maestro di tutte l'Arti», in *Zeitschrift für romanische Philologie*, V, 27.

Ricci, C. (1965), *L'ultimo rifugio di Dante* (a cura di E. Chiarini), Ravenna: Edizioni Dante.

Rico, F. (1974), *Vida u obra de Petrarca. I Lectura del «Secretum»*, Padova: Antenore.

--- (1976), «"Rime sparse", "Rerum vulgarium fragmenta". Para el título y el primer soneto del "Canzoniere"», in *Medioevo romanzo*, III, pp. 101–138.

--- (1988), «Prólogos al "Canzoniere" (*Rerum vulgarium fragmenta* I-III)», in *Annali della scuola normale superiore di Pisa* s. III, XVIII, pp. 1071–1104.

--- (2002), *El sueño del humanismo. De Petrarca a Erasmo*, Barcellona: Destino.

Roddewig, M. (1984), *Dante Alighieri, Die göttliche Komödie, Vergleichende Bestandsaufnahme der Commedia-Handschriften*, Stoccarda: Hiersemann.

Rodríguez-Mesa, F. J. (2012), «Cultura napolitana y lengua toscana en el siglo XV: la poesía del conde de Altavilla», in Luque Nadal, L. (a cura di), *Transculturalidad, lenguaje e integración. Investigaciones en fraseología contrastiva*, Granada: Educatori, pp. 261–276.

Rohlfs, G. (1949–1954), *Historische Grammatik der italienischen Sprache und ihrer Mundarten*, 3 voll., Berna: Francke.

--- (1966–1969), *Grammatica storica della lingua italiana e dei suoi dialetti*, 3 voll., Torino: Einaudi.

Sabatini, F. (1965), *Napoli angioina. Cultura e civiltà*. Napoli: Edizioni scientifiche italiane.

Santagata, M. (1979a), *La lirica aragonese. Studi sulla poesia napoletana del secondo Quattrocento*, Padova: Antenore.

--- (1979b), *Dal sonetto al canzoniere. Ricerche sulla preistoria e la costituzione di un genere*, Padova: Liviana.

--- (1988), *Petrarca e i Colonna. Sui destinatari di R.v.f., 7, 10, 28 e 40*, Lucca: Pacini Fazzi.

--- (1993a), «Dalla lirica 'cortese' alla lirica 'cortigiana': appunti per una storia», in Santagata, M. e S. Carrai, *La lirica di corte nell'Italia del Quattrocento*, Milano: Franco Angeli, pp. 11–30.

--- (1993b), «La forma canzoniere», in Santagata, M. e S. Carrai, *La lirica di corte nell'Italia del Quattrocento*, Milano: Franco Angeli, pp. 31–39.

--- (2004), *I frammenti dell'anima. Storia e racconto nel Canzoniere di Petrarca*, Bologna: Il Mulino.

Santini, P. (1886), «Gli Acciaioli e la poesia napoletana» in *Rivista critica della letteratura italiana*, III, 4, aprile di 1886, colonne 122–125.

Savj-Lopez, P. (1906), «Appunti di napoletano antico» in *Zeitschrift für romanische Philologie*, XXX, pp. 26–48.

Scarano, N. (1901), «Fonti provenzali e italiane della lirica petrarchesca», in *Studi di Filologia Romanza*, VIII, pp. 250–260.

Tafuri, G. B. (1748), *Istoria degli scrittori nati nel regno di Napoli*, Napoli: Felice Carlo Mosca.

Tateo, F. (1971), *I centri culturali dell'Umanesimo*, Bari: Laterza.

--- (1973), *L'umanesimo meridionale*, Bari: Laterza.

Terzi, A. (2007), «Maramaldo, Guglielmo», in AA.VV. *Dizionario Biografico degli Italiani*, vol. 69. [https://www.treccani.it/enciclopedia/guglielmo-maramaldo_(Dizionario-Biografico)]

Torraca, F. (1884), *Studi di storia letteraria napoletana*, Livorno: Vigo.

--- (1888), *Discussioni e ricerche letterarie*, Livorno: Vigo.

--- (1925), *Aneddoti di storia letteraria napoletana*, Città di Castello: Il Solco.

Voigt, G. (1893), *Die Wiederbelebung des classischen Alterthums oder das erste Jahrhundert des Humanismus*, Berlino: Georg Reimer Verlag.

Volpi, G. (1907), *Rime di trecentisti minori*, Firenze: Sansoni.

Warkentin, G. (1975), «"Love's Sweetest Part, Variety": Petrarch and the Curious Frame of the Renaissance Sonnet Sequence», in *Renaissance and Reformation*, IX, pp. 14–23.

Wilkins, E. H. (1951), *The Making of the «Canzoniere» and Other Petrarchan Studies*. Roma: Edizioni di storia e letteratura.

--- (1958), *Petrarch's Eight Years in Milan*, Cambridge: Medieval Academy of America.

--- (1959), *Petrarch's Later Years*, Cambridge: Medieval Academy of America.

--- (1964), *Vita del Petrarca e la formazione del «Canzoniere»*. Milano: Feltrinelli.

Zingarelli, N. (1931), *La vita, i tempi e le opere di Dante*, Milano: Vallardi.

STUDIEN ZU DEN ROMANISCHEN LITERATUREN UND KULTUREN
STUDIES ON ROMANCE LITERATURES AND CULTURES

Herausgegeben von / Edited by Olaf Müller, Christian von Tschilschke,
Ulrich Winter und / and Samia Kassab-Charfi

Band 1 Mariá Fernanda de Abreu: Cervantes y los mares. En los 400 años del *Persiles*. In memoriam José María Casasayas. 2019.

Band 2 Antonio Rivero Machina, Guadalupe Nieto Caballero, Ismael López Martín y Alberto Escalante Varona (eds.): La mirada ibérica a través de los géneros literarios. 2019.

Band 3 Berit Callsen (ed.): Escrituras del yo en la obra de Miguel de Unamuno. 2019.

Band 4 Emanuele La Rosa: Impegno metonimico, impegno esplicito: poetiche della Neoavanguardia a confronto. Elio Pagliarani, Edoardo Sanguineti, Adriano Spatola. 2019.

Band 5 Dorothea Kraus: Das *auto sacramental* Calderóns zwischen Tridentinum und Theatralität. 2019.

Band 6 Johanna Pumb: Dokumentarfilm als Medium der Erinnerungspolitik in Spanien. 2019.

Band 7 Guadalupe Nieto Caballero: Francisco Valdés en sus libros. Estudio de la obra de un autor olvidado de la Edad de Plata. 2020.

Band 8 José Manuel Goñi Pérez, Ricardo de la Fuente Ballesteros (eds.): Poesía y Traducción en el Siglo XIX Hispánico. 2020.

Band 9 Clara Marías: Conversaciones en verso. La epístola ética del Renacimiento y la construcción del yo poético. 2020.

Band 10 Paloma Gracia / Alejandro Casais (eds.): Le roman arthurien du Pseudo-Robert de Boron en France et dans la Péninsule Ibérique. 2020.

Band 11 Alfredo Rodríguez López-Vázquez / Arturo Rodríguez López-Abadía (eds.): El *Lazarillo de Tormes* y sus continuadores. 2020.

Band 12 Carmen F. Blanco Valdés (Ed.): Vida de Dante Alighieri. Tratado en honor de Dante Alighieri florentino, poeta ilustre. 2020.

Band 13 Claudio Castro Filho / Simon Kroll (eds): El *Theatro de los dioses*: herencia clásica y nuevas mitografías en el campo cultural hispánico. 2021.

Band 14 Senda Souabni-Jlidi: De la Poétique du mal à l'Écriture de l'épidémie dans *La Peste* d'Albert Camus et *Le Hussard sur le toit* de Jean Giono. 2021.

Band 15 Daniela Santonocito: Gonzalo Argote de Molina, editor de textos medievales. 2020.

Band 16 Ali Abassi: Un Paradigme en Péril. La Biculturalité en Tunisie. 2021.

Band 17 Antonio Sáez Delgado: Literaturas entrelazadas. Portugal y España, del modernismo y la vanguardia al tiempo de las dictaduras. 2021.

Band 18 Ana Davis González: Vanguardia y refundación nacional en *Adán Buenosayres*. 2021.

Band 19 Cora Requena Hidalgo / Alejandra Bottinelli Wolleter (eds.): Dislocaciones de la modernidad iberoamericana. Escrituras de los márgenes en el primer tercio del siglo XX. 2021.

Band 20 José Muñoz Rivas: Poesía italiana contemporánea. Del Crepuscularismo al Neoexperimentalismo y la Neovanguardia. 2021.

Band 21 Joaquín Roses (ed.): La recepción de Góngora en la literatura hispanoamericana. De la época colonial al siglo XXI. 2021.

Band 22 Gennaro Schiano: Relatar la catástrofe en el Siglo de Oro. Entre noticia y narración. 2021.

Band 23 Mathilde Albisson (ed.): Los agentes de la censura en la España de los siglos XVI y XVII. 2022.

Band 24 Sarah Burnautzki / Daniela Kuschel / Cornelia Ruhe (eds.): Au-delà de la littérature fantastique et du réalisme magique / Más allá de la literatura fantástica y del realismo mágico. 2022.

Band 25 Julia Auweiler: Analysen antifaschistischen Engagements in der Zeitzeugenliteratur zum Spanischen Bürgerkrieg. 2022.

Band 26 Juan Jesús Payán: Los conjuros del asombro: expresión fantástica e identidad nacional en la España del siglo XIX. 2022.

Band 27 Esther Márquez Martínez: Ifigenia en la literatura hispánica desde el medievo al siglo XVIII. 2022.

Band 28 Salvadora Luján-Ramón: Galdós y la educación: fundamentación de su ideario pedagógi- co. 2022.

Band 29 Antonio Chas Aguión (ed.): Corte y poesía en tiempos de los primeros Trastámara castellanos: lecturas y relecturas. 2022.

Band 30 Claudia Lora Márquez / Gema Balaguer Alba (eds.): La ciencia en la literatura española (siglos XVI-XIX). 2022.

Band 31 Isabel Zollna: Tomás García Luna: *Gramática General* (1845). Kommentierte Edition mit einer Einleitung versehen von Isabel Zollna. 2022.

Band 32 Samuel Rodríguez: Melancolía y Depresión en la Literatura Hispánica. 2022.

Band 33 Anna Isabell Wörsdörfer / Florian Homann (eds.): Kulturelle Performance und künst- lerische Aufführung. Zeichenhaftes Handeln zwischen Ritualität und Theatralität. 2022.

Band 34 Alberto Escalante Varona: Fernán González en el teatro de los siglos XVII y XVIII. De héroe castellano a argumento nacional. 2022.

Band 35 María Luzdivina Cuesta Torre (ed.): El legado literario de Castilla y León desde la Edad Media al Romanticismo. 2023.

Band 36 Francisco José Rodríguez-Mesa: Due pionieri trecenteschi del petrarchismo napoletano: Guglielmo Maramauro e Bartolomeo di Capua. 2023

www.peterlang.com

www.ingramcontent.com/pod-product-compliance
Ingram Content Group UK Ltd.
Pitfield, Milton Keynes, MK11 3LW, UK
UKHW041922210426
5322IPUK00002B/4